「お客様のいうことだけを聞いて、車を開発するなどというのは、バックミラーだけを見て運転するようなものだ」

　　　　　　　　　　　　　　　　　　　　　　　　ロバート・ラッツ

「目標の数値だけを見て、車を開発するなどということは、スピードメーターだけを見て運転するようなものだ」

　　　　　　　　　　　　　　　　　　　　　　　　吉村　達彦

発見力

トヨタで学んだ"発見"を
GD^{3}問題解決プロセスに展開

吉村　達彦

日科技連

はじめに

　本書の書名に興味を持って、手にとってくださったあなた。「何だ、品質の本か」と、本を戻すその手を、ちょっと止めてください。

　本書は品質問題を例に書いていますが、「発見力」「仕事の中心に発見を持ってくる」というキーワードは、どんな仕事にも共通する、今、私たちが見逃している大きな課題なのです。

　「仕事の中心に発見を持ってくる」という言葉を聞いて、みなさんはどう反応するでしょうか。「そんなことは、いつも考えてやっているよ」という人もいるでしょう。また「そうしたいと思っているけど、管理をしっかりやれといわれて、発見など考える時間もない」という人もいるでしょう。

　筆者はコンサルタントとして、いろいろな会社とお付き合いし、DRBxx（Design Review based on Failure Mode/Test Result/Difference of Products）[1][2][3]やデザインレビューなどの実施方法の指導会を開いています。この中で、実施結果を聞きながら、問題点を指摘し、正しい実施方法を理解していただく場面があります。このとき大切なことはDRBxxなどの本当の意味を理解していただくことです。つまり、ワークシートを正しく書くことではなく、モノの差に注目（Good Design）して、徹底的に比較してみて（Good Dissection）、議論し（Good Discussion）、問題を「発見」することです。もし、筆者がワークシートの書き方の問題を指摘するだけなら、受講者はワークシートを正しく書くのがDRBxxだと誤解してしまいます。本当の目的は問題の発見だということを理解してもらうためには、筆者も、その場で対象の製品の問題を

発見して、そのプロセスを披露するのが一番です。もちろん、いつもうまくいくわけではありませんが、その場で聞いた説明と、議論、モノの比較観察で、重要な問題に気づくことがあります。「吉村さんは、その場で聞いただけのテーマに対して、相手が気づいていない問題点を、どうして的確に指摘できるのですか」とコンサルタント仲間に言われて、気持ちを良くしたものです。

そんなときに、いつも思い出す、トヨタ自動車（以下、トヨタ）の思い出は、いろいろな場面で、上司に何かを報告をすると、必ず、非常に的確な問題指摘が返って来たことです。考えていなかった問題を指摘され、怒りというより、納得せざるを得なかったときがほとんどでした。どうしたらあのように即座に問題を発見することができるのだろうかと、いつも、不思議に思っていました。恐らく、みなさんの会社でも、そのようなことがよくあるのではないかと思います。それをうまく説明できないままに来てしまいましたが、筆者の体の中にも、その問題を「発見」する回路、つまり発見力が染みついているのではないかと思うことがあります。それは、知らず知らずのうちに筆者の体の中に刷り込まれたもので、それを引き出して、伝えるのは非常に難しいのですが、それを形式知化してみたいと思ったのです。

トヨタといえばJIT（ジャスト・イン・タイム）、自働化、トヨタ生産方式とか、主査制度、DRBFM、自工程完結など、トヨタが発明したいろいろな手法やシステムを通してみなさんに伝わることが多いと思います。しかし、それらはトヨタの伝統的なカルチャーに基づいて構築されたもので、そのような習慣がない企業の人々にとっては、手法だけを理解して使おうと思っても、なかなかうまく使えず、形だけを追って、やっているような気になってしまうのです。

もちろん、カルチャーはいろいろな要素を含んでいますから、一つの言葉では表せません。キーワードでいうと「改善マインド」とか「横

展」とか「なぜなぜ」「後工程はお客様」など、いろいろな言葉が出てきます。それらを全部身につけるようになれ、ということは、トヨタマンになれといっていることと同じで、まったく意味のないことです。何か1つ大切なキーワードを選ぶとしたら…ということを考えて、気づいたのが「発見力」でした。詳しく言えば、「問題を発見して、価値に変換する力」ということなのですが、本書では「発見」という言葉にこだわって考えてみたいと思います。トヨタには、常に問題を発見するということが、お互いに、普通にできるカルチャーがあったのです。

　実は本書を書いているとき、以前読んだ久米是志著『「ひらめき」の設計図』(小学館)[4]という本を思い出しました。久米氏はホンダの3代目の社長です。この本は久米氏の創造性をホンダのカルチャーにしようということで、結成されたホンダ共創フォーラムの集大成のような本です。久米氏が開発の現場で、どのように考えて仕事をしてきたか、その背景にあるものをどのように表したら良いか、久米氏自身の言葉で綴り、豊富な実例の紹介もあり、何度読み返しても新しい気づきがある素晴らしい本です。ここでも主題になっているのは、「思いもしなかった問題が市場で起きることに、事前に気づくにはどうしたら良いか」です。まさに、「発見」であり、いかに「発見力」を高めるかに社長自ら正面から取り組んだホンダの姿があります。

　このように、「発見が仕事の中心にある、あるいは持ってこよう」と努力している企業はたくさんあるのですが、最近、グローバル化、大企業化の波に飲まれ、おろそかになっているのが実情ではないでしょうか。「仕事の中心に発見を持ってくる」というのは、手法や制度でできるわけではなく、カルチャー的、伝統的な要素があります。しかも、これがないと、いろいろな手法も、制度も生きないのです。

　今、世の中では「事前に気づけば(発見できれば)良かった…」と悔やまれる問題がたくさん起こっています。例えば、自動車業界の不正ソフ

ト、燃費データ改ざん、エアバック問題、防振ゴムのデータ改ざん、建築のデータ改ざん、などです。もちろん、そのようなことを再発防止することが重要で、そのための対策は行われるでしょう。しかしながら、恐らく、管理者が管理を強化するとか、ゲートの機能を強化するといった程度の対策で終わってしまっているのではないでしょうか。結果として、再発防止のために膨大な資源を投入することになりますが、その結果、できあがった製品がどれだけ良くなったかというと、今とあまり変わらないということになります。

事前にこの問題や不正に気づけた人は会社の中にたくさんいたはずですが、そのための方策はあまり示されません。つまり、気づくためには何を、どうやればよいのでしょう。気づかなかったのなら、気づくようにすればよいのです。「発見」できなかったのですから「発見力」が発揮できるようにすればよいのです。この本では、そこを、正面から考えてみたいと思います。

一方ではAI(人工知能)の普及で、多くの判断を伴う定型的業務が、コンピュータに取って代わられるといわれています。恐らく最後に残る人間の能力は「発見力」ではないでしょうか。今から、組織として鍛えておく必要があるのではないでしょうか。

本書では「発見力」を発揮できるようにするために「仕事の中心に発見を持ってくる」ということを、現在の仕事との関係(何が違うのか)で示しました。

前半(第1章~第6章)では、私達の周りで行われている仕事の問題点、つまり、いかに発見から遠いところで仕事をしているかを概説し、「発見を仕事の中心に持ってくる」とはどういうことなのか、どのようにすればよいのかを説明します。

後半(第7章~第10章)では、市場で起きた品質問題を解決することを、発見という面から考えたらどのような進め方になるかを「GD^{3}問題

解決プロセス」として示し、徹底的に「発見」にこだわった仕事の進め方の例を示し、発見力を活かす組織の作り方についても述べます。

　さらに、本文の中の多くの箇所で引用している、「発見」について記した姉妹書があります。

- 『トヨタ式未然防止手法 GD^3』（日科技連出版社）[1]
- 『想定外を想定する未然防止手法 GD^3』（同上）[2]
- 『全員参画型マネジメント APAT』（同上）[3]

　これらは、これまでに出版した未然防止とそのマネジメントに関する本です。本書と併せて、読んでいただけると、さらに、「発見力」についての理解を深めていただけるかもしれません。

　本書は、ある意味これまでの筆者の経験の集大成ですので、トヨタで学んだことをベースに、九州大学、ゼネラルモーターズ、帰国後お付き合いした多くの企業の人々の教えと、協力によりまとめたものです。一人ひとりに感謝を申し上げなければならないのですが、十分な紙面もありませんので、ここで、合わせて感謝申し上げることをお許しください。

　出版にこぎつけるには日科技連出版社の戸羽節文取締役のご指導、支援を受けました。特に書名「発見力」を提案いただいたことを感謝します。

2016年9月

吉　村　達　彦

目　次

はじめに ……………………………………………………………………… iii

第1章　私達を取り巻く仕事の現状 ────────────── 1
　1.1　あなたはこのように考えていませんか …………………………… 1
　1.2　品質確保のために私達は何をやっているか ……………………… 11

第2章　創造と品質問題解決の対立を克服する ──────── 21
　2.1　魅力的品質と当たり前品質 ………………………………………… 21
　2.2　次は未然防止だ ……………………………………………………… 23
　2.3　想定品質と潜在品質 ………………………………………………… 28
　2.4　私達はいつも顕在化された品質だけを考えている ……………… 32
　2.5　トヨタの仕事は発見の競争 ………………………………………… 35

第3章　問題とは何か ─────────────────── 37
　3.1　新しい問題の定義 …………………………………………………… 37
　3.2　お客様にとっての問題 ……………………………………………… 40
　3.3　問題を起こせば罰せられる ………………………………………… 43
　3.4　"問題"のまとめ ……………………………………………………… 46

第4章　発見とは何か ─────────────────── 47
　4.1　新しいアイディアの発想も問題への気づきも、同じ創造性の活動
　　　 ……………………………………………………………………………… 47
　4.2　創造とは遠くのものの結合 ………………………………………… 49
　4.3　COACH法 …………………………………………………………… 51

第5章　発見力を発揮する仕事 — 55

- 5.1　発見するのは誰の仕事か ……………………………………… 55
- 5.2　問題発見を目的にした仕事「未然防止」…………………… 57
- 5.3　問題発見は価値創造に繋がらなければ意味がない ………… 58
- 5.4　未然防止のための思考法・GD^3 ……………………………… 60

第6章　問題発見の場はどこにあるのか — 69

- 6.1　GD^3 ではどのようにして問題を発見するのか ……………… 69
- 6.2　会議の目的は何か ……………………………………………… 70
- 6.3　問題を発見し価値に変換するための会議、デザインレビュー … 73
- 6.4　デザインレビューでのレビューアーの心得 ………………… 76
- 6.5　デザインレビューの場での司会者の心得 …………………… 91
- 6.6　他の会議でも同じことがいえるのか ………………………… 96

第7章　問題解決に「発見力」を使う — 99

- 7.1　問題発見と問題解決は一連のプロセス ……………………… 99
- 7.2　GD^3 問題解決プロセス ……………………………………… 102

第8章　問題の発見 — 105

- 8.1　どこで問題を発見するか …………………………………… 105
- 8.2　潜在問題の発見 ……………………………………………… 106
- 8.3　顕在問題の発見 ……………………………………………… 117

第9章　問題解決 — 129

- 9.1　問題解決の目的は、早くて確実な対策 …………………… 129
- 9.2　事実の発見 …………………………………………………… 133
- 9.3　暫定対策 ……………………………………………………… 144
- 9.4　原因の発見(原因の究明) …………………………………… 149
- 9.5　調査・再現試験 ……………………………………………… 155
- 9.6　本対策案の発見 ……………………………………………… 159
- 9.7　早く実行へ(対策の実施) …………………………………… 162

9.8　問題解決の振り返り ………………………………………… 163
　　9.9　再発防止と横展 ……………………………………………… 164
　　9.10　GD³問題解決プロセスのまとめ …………………………… 170
第 10 章　発見力を活かす組織をつくる ─────── 173
　　10.1　組織のカルチャーをつくるのは誰か ……………………… 173
　　10.2　動機づけと自主活動 ………………………………………… 175
　　10.3　ムダ取り、カベ取り ………………………………………… 177
　　10.4　振り返り ……………………………………………………… 180

付録　私達はどこで間違えたのか？ ………………………………… 185
結　言 ………………………………………………………………… 211
引用・参考文献 ……………………………………………………… 213
索　引 ………………………………………………………………… 215

カバーデザイン　吉村靖孝

文中イラスト　吉村達彦

第1章

私達を取り巻く仕事の現状

1.1 あなたはこのように考えていませんか

(1) 品質月間社長メッセージ

　仕事の関係上、品質月間(毎年11月)に講演を依頼されることがあります。筆者はなるべく、聞いてくださる方が興味を持っていただけるように、事前に講演先の会社の品質の状況を聞いて、それを織り交ぜて話をするようにしています。あるとき、講演間際に、それに加えて社長のメッセージを送ってくださった会社がありました。その内容は以下に箇条書きで示したとおりです。

- 私達は常に新しいことに挑戦していることもあり、品質問題は避けられない。
- 品質問題が起きてしまったら、お客様を第一に考え、組織を超えて、力を合わせて対応すべきだ。
- 品質問題が発生したからとか、品質確保が難しいからといって、お客様価値の創造というゴールを変えたり、そこに挑戦すること

- 　を、中途半端に諦めたりしてはならない。
- 　今は業績が好調なので、多少の品質問題で、会社の経営が影響を受けるようなことはない。

　読者のみなさんはこのメッセージの項目を見て、どう感じたでしょう。「社長！　よくいってくれました」「私はこんな会社で働きたい」と思う読者も多いでしょう。恐らくこの社長は、日頃から、社員が創造的な製品を開発してくれないことに、イライラしていたのでしょう。社員たちにそのことをいうと、決まって返って来る言葉が、「品質問題の制約から新しいことに挑戦ができないのです」といった言い訳ばかりなのでしょう。「品質月間？　よし、私の品質に対する本当の気持ちを話してやろう」と、ついつい筆が滑ったのかもしれません。

　筆者がこのメッセージをここで紹介したのは、この社長を批判しようと思ったのではなく、このように考えている人は非常に多いので、これは事実かどうかを、まず検証したいと思ったからなのです。

(2)　新しいことへの挑戦が品質問題の原因か

　まず、メッセージの第1項目、「私達は常に新しいことに挑戦していることもあり、品質問題は避けられない」は正しいのでしょうか？　図1.1は『日産自動車における未然防止手法 Quick DR』[5]の中で大島恵氏らが行っていた整理を別の会社で行った例です。この結果、大島氏の整理と同様に次のような結論が得られました。

　私達の周辺で起きている品質問題のほとんどは、新しいことに挑戦した結果ではなく、従来経験のあるものを少し変更したことによって起きています。そこに問題が潜んでいることに気づけば、予見して防止できたような問題です。しかも、ちょっとした変更が大きな問題の原因になっています。決して、新しい、難しいことへの挑戦の結果、品質問題が起きているのではないのです。

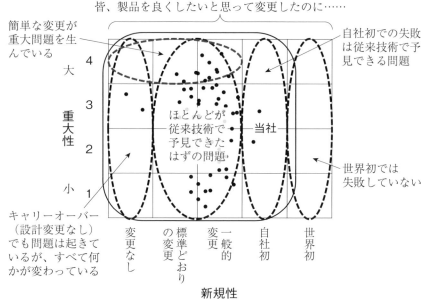

図 1.1　新しいことへの挑戦で問題を起こしているのか

（3）　品質問題が起きたら「お客様第一」

　メッセージの第 2 項目、「品質問題が起きてしまったら、お客様を第一に考え、組織を超えて、力を合わせて対応すべきだ」を考えてみましょう。もちろん、問題が起きたときにお客様を第一に考えることは当然です。しかし、お客様を第一に考えるのは、問題が起きたときだけ、問題が起きてから考えるのでよいでしょうか。

　私達は、製品をお客様に渡す以前に、**図 1.2** のようにたくさんの工程、たくさんの時間をかけて、開発・製造などを行っています。これらの工程のすべては、お客様の期待に沿える製品をお渡しするためのものです。つまり、これらの工程すべてで、お客様を第一に考えて、行動しなければならないのです。それが「お客様第一」ということです。お客様を第

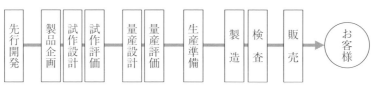

図 1.2　製品がお客様に渡る前に、たくさんの工程がある

図 1.3　ハインリッヒの法則

一に考えるのは、市場で問題が起きたときだけではないのです。しかし実際には、これらの工程では、与えられた目標を第一に考え、お客様のことを忘れている人が多いのです。それが先ほどの社長のメッセージに現れています。

　品質の問題は、労働安全の問題に似ているといわれます。それは、ハインリッヒの法則が成立するからです。ハインリッヒの法則は、**図 1.3**のように、重大事故 1 件の背後には 29 件の軽微な事故があり、さらにその背景には 300 件のインシデント（事故を伴わない危険。ヒヤリ・ハット）があるという、問題の構造です[6]。そして、ハインリッヒの法則では、1 件の重大災害を防ぐには、日頃から 29 件の軽微な問題を徹底的に、問題解決・再発防止しなければならないし、さらに 300 件のヒヤリ・ハットを皆で共有していなければならない、といっています。これ

を品質問題に当てはめるとどうなるでしょうか。

品質のハインリッヒの法則は、**図 1.4** のようになります[(2)]。労働安全のハインリッヒの法則との唯一の違いは、労働安全の場合、「被害を与える可能性があるのも、受ける可能性があるのも自分自身である」というのに対して、品質のハインリッヒの法則は、「被害を与える可能性があるのは自分自身だが、被害を受けるのはお客様だ」という違いがあります。つまり、軽微な問題、インシデントは、お客様をよく見ていないと、自分からは見えない可能性があるのです（図 1.4 a））。

品質のハインリッヒの法則では、問題を見るための努力、発見（見える化、気づき）が必要です。つまり、お客様から指摘されてから（市場問題が発生してから）「お客様を第一」に考えたのでは、軽微な問題以下には気づかないということなのです。

欧米では、品質問題への対応も効率第一に考えます。ですから、大きな問題から 20％ の問題に集中すれば 80％ の効果があるというパレート

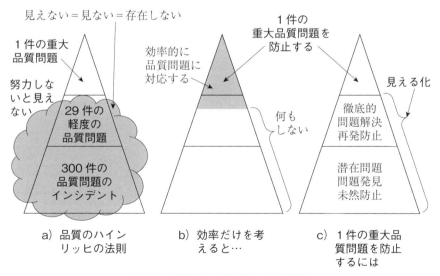

図 1.4　品質のハインリッヒの法則

の考えを適用して、20% 以下の問題は「ない」と考えてしまう人が多いようです。これでは1件の重大品質問題が防止できない、というのがハインリッヒの法則で、実際にそのようになっています(図1.4 b))。

　品質のハインリッヒの法則が私達に教えてくれることは、「1件の重大品質問題を防止するには、まずお客様のところで起きていることを見えるようにして、軽微な問題にも対応し、再発防止を図ると同時に、潜在問題を発見し未然防止を図らなければならない」ということです(図1.4 c))。

　つまり、品質問題が起きたときだけの「お客様第一」ではなく、すべての工程で「お客様第一」でなければならないということです。

（4）　品質問題対応と創造的な製品の開発は相反するのか

　メッセージの第3項目の背景には、「品質の確保と創造的な製品の開発は相反する」という気持ちがあります。恐らく、この社長のところには、画期的な製品が開発できない理由として、品質問題に煩わされていて、画期的な製品開発に投入する工数が確保できないというたくさんの言い訳が寄せられているのでしょう。それを真に受けて、品質にかける時間は最小限にして、画期的な製品開発に投入する工数を確保してやりたい、という社長のありがたい言葉なのです。

　しかし、品質を確保することと創造的な仕事は相反するのでしょうか。お客様が私達の製品にお金を払ってくださるのは、（物質としての）製品そのものにではなく、その製品に付加されている価値にお金を払ってくださるのです。つまり、私達はお客様が期待している価値を満たすように、製品を開発しています。それは、製品に新しい価値をつける創造的な仕事も、私達が気づいていないお客様の期待を発見して品質を確保するのも、お客様の期待を満たすという同じ行為なのです。

　品質とはお客様の期待をどれだけ満たしているかを表すもので、「品

質問題はお客様の期待からの乖離」といえます[2]。この定義は田口の「品質(問題)とは、その製品が社会に対して与える損失」[7]という定義と共通点があります。田口は、品質を金額で表すために、あえて損失という言葉を使っていますが、「社会」を「お客様」に、「損失」を「お客様の期待からの乖離」に置き換えると、本書の定義になります。つまり、私達が新しい画期的な製品を開発するのも、品質問題を解消するのも、お客様の期待に製品を近づけるという同じ目的の行為で、何ら相反するものではないのです。

しかも、**図 1.5** のように、お客様の期待をこのコップ 1 杯 A だとすると、私達が開発の目標や検査の基準にしている「品質」は、その一部にすぎないのです。品質を B の部分だけで考えると、どうしても「創造性と相反する仕事」と考えてしまうのです。そして、製品がお客様の手にわたってから、お客様が期待していたものと違うといって、C の部分で問題が起きるのです。そのとき、会社の人々はそれに気づいていなかったので、想定外の問題だったといいます。会社のプロセスでは B の部分だけしか品質と考えていなかったのですから…。この**図 1.5** は、本書全体を通して、非常に基本的考え方になるものです。後にもう一度しっかり考えますし、いろいろなところで参照します。

開発や製造のプロセスで、この想定していなかった部分に気づき、製

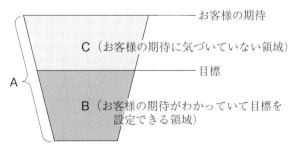

図 1.5　品質には目標が設定されている領域と目標が設定されていない領域がある

品をお客様の期待(将来その製品を使っていただくお客様が期待すること)に近づける行為は、開発や製造に携わった人々全員の発見力(創造性)を活かすことで、新しい画期的製品を開発する際に必要な創造性とまったく同じものといえるのです。つまり、画期的な製品を創ることも、品質問題に対処することも、お客様の期待を満たす行為ということで、まったく相反することではなく、しかも、どちらも創造性を発揮する行為ということでもまったく同質のものなのです。

(5) 品質問題が会社の存立を危うくすることはないのか

　メッセージの第4項目、「多少の品質問題で会社の存続が危うくなることはない」について考えてみましょう。みなさんよくご存知のトヨタの2009年から2010年にかけての問題を例に考えてみましょう[8]。問題の発端は、アメリカでレンタカーを借りた家族が運転中にアクセルペダルが戻らなくなって、車が暴走し、亡くなったという事故でした。原因は、レンタカー会社が通常のフロアマットの上に他車のフロアマットを重ねて敷いてお客様に車を渡し、アクセルペダルがそのフロアマットに引っかかり、戻らなくなったというものでした。問題の結果は重大で、気の毒なものでしたが、問題の原因は、いくつかのちょっとした不注意が重なったといえないでしょうか。このような問題に発展するとは、問題が起きるまでは誰も気づきませんでした。つまり、ちょっとした品質問題が会社の存立を揺るがすようなことにはならない、という図式は成立しないのです。もちろん、トヨタはこの問題に適切に対処し、今でもこの経験(ちょっとした品質問題でも会社を揺るがすような大きな問題になること)を肝に命じ、常にお客様を第一に考え、地道に、泥臭く信頼を回復する努力をしています。図1.1も示しているように、ちょっとした変更が大きな品質問題に発展することは事実なのです。

　図1.6は、本書で何度も引用する大切な図です。この図の元はジェー

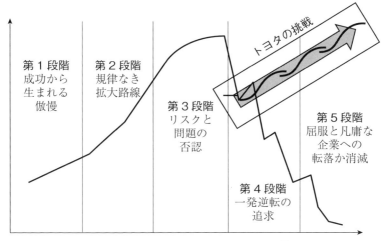

図 1.6　ジェームス・コリンズによる衰退の 5 段階[9]とトヨタの挑戦

ムズ・コリンズが『ビジョナリー・カンパニー 3　衰退の 5 段階』[9]で企業が衰退していくプロセスを示したものです。トヨタ自動車の豊田章男社長はこの図を用いて、外国人記者クラブで、「トヨタはこのとおりだった」という反省の弁を述べた[10]そうですが、すばらしい振り返りだと思います。この図に筆者がトヨタの反省を加えたものが**図 1.6** です。

　ジェームズ・コリンズは、企業が実際に衰退を始める前に、3 つの重要なステップがあると述べています。第 1 段階は「成功から生まれる傲慢」、第 2 段階は「規律なき拡大路線」、第 3 段階は「リスクと問題の否認」です。「今は業績が好調なので、多少の品質問題で、会社の経営が影響を受けるようなことはない」という社長は、まさに、第 2 段階から第 3 段階への道を順調に（？）進んでおり、企業が実際に衰退に入る第 4 段階は目の前といえるでしょう。第 4 段階に入ると多くの経営者は一発逆転を狙って失敗し、やがて市場から消えていく第 5 段階に入っていくわけです。しかし、トヨタは一発逆転を狙わず、地道に、泥臭く、Continuous Improvement を繋いでいく道を選びましたが、それは正しい道

だったと思います。図 1.6 は、最近起きている不正ソフトの問題や建築のデータ改ざんの問題にも当てはめることができるでしょう（これについては付録で詳しく述べます）。読者のみなさんも、自分の会社がどこに位置しているのか、この図から考えてみましょう。

（6） 社長メッセージに対する検証まとめ

ここまで述べた 4 つの検証結果をまとめると、以下となります。

- 私達は常に新しいことに挑戦しているから、品質問題が起きているのではない。品質問題の大部分は、ちょっとした変更をきっかけとして起きている。
- 品質問題が起きてから、お客様第一に考えたのでは、品質問題を（未然に）防止することはできない。
- 新しいことに挑戦することと、品質問題を防止することは相反することではない。どちらも、私達の創造性を必要とする仕事である。
- 多少の品質問題が、会社の存立に影響することはよくある。

こうやって一つひとつ考えていっても、読者のみなさんにはやはりこの社長の意見を支持したい気持ちがあるでしょう。その根本には、

> 品質問題を防止するのはたくさんのやらされ仕事を処理すること、問題が発生したら通常の仕事を押しのけて、対応しなければならないので、清々と仕事をすることを乱すやりたくない仕事…

という現実があり、これを変えない限り、社長の言葉を支持する気持ちは変えられないでしょう。

まず、品質問題対応の現状を振り返ってみましょう。

1.2 品質確保のために私達は何をやっているか

(1) 品質問題再発防止の現状

　私達は品質問題が起きると、その問題を解決し、再発防止策を決めます。これはどこの会社でも当たり前に行われていることです。少なくとも、「やってますか」と聞くと、「ちゃんとやっています」という答えが返って来ます。

　この再発防止では、市場で問題があるものとないものの間に線を引いて、問題がない側で設計をすると決めたり、あるいは線の問題がない側にあることを実験で証明できるように標準を作ったり、チェックシートに記載したりするのです(**図 1.7**)。

　ところが、しばらくすると、線の安全側で設計したはずなのに、市場で問題が起きます。ここでも、前の再発防止と同じ考え方で調べると、別の平面で、線の外に出ていることがわかりました(**図 1.8**)。そこで、前と同じように問題のあるものとないものの間に線を引き、標準やチェックリストに記載します。

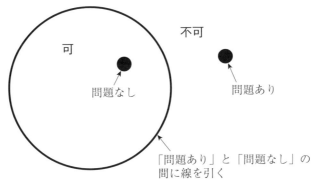

図 1.7　問題のあるものと問題のないものの間に線を引き、標準にする

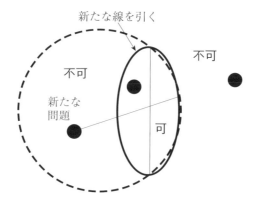

図 1.8 新たな問題が起きると、新たな線を引く

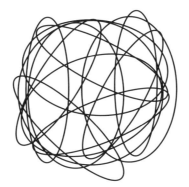

図 1.9 がんじがらめの制約の中で、仕事をする

　このようなことを繰り返しているうちに、私達は**図 1.9**のようにがんじがらめの制約の中で新しい製品の開発を進めることになります。これが、「品質が新しい画期的な製品の開発を阻んでいる」というイメージの元です。ではこのがんじがらめの開発で、品質問題は根絶できているのでしょうか？　答えは No です。この図からわかるように、まだまだ隙間はあるのです。では、隙間をなくすために、もっとがんじがらめにするのが正解でしょうか？

（2） チェックリストや標準の功罪

　もう少し、現在のシステムの問題点を、詳しく見てみましょう。**図1.10**は市場問題の構図を模式的に描いたものです。各ブロックは製品が持っているいろいろな問題要因で、それがm-mラインを超えると市場問題が発生するとします。製品Aはm-m以下なので、市場問題は発生しません。製品Bは製品Aに対して、一部（イ、ロ）を変えたため、m-mラインを超え、市場問題が発生しました（実際には、イ、ロを変えればm-mラインの位置も変わりますから、この図はもっと複雑になりますが、ごく模式的に単純化した図にしました）。このイ、ロは問題が現れた要因という意味で、現因と呼ぶことにします（げんいん。原因と区別するためにここでは「あらいん」と呼ぶことにしましょう）。この現因（イまたはロ）に対策して、対策終わりということもあります。製品Cがそのようなケースです。このような場合、再発防止は、チェックリ

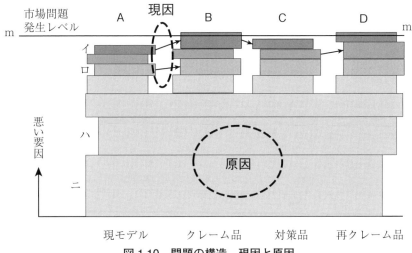

図1.10　問題の構造　現因と原因

ストに「製品 A のイを変えてはならない」という項目を追加します。

　現因に対策しただけでは、また小変更を加えると製品 D のように問題を起こしてしまうことがあります。そこで、根本的な原因（ここでは「あらいん」に対して「はらいん」と呼ぶことにします）に対策をしようと考えます。それには、原因分析や技術的な解析も必要になりますが、ひとつの設計論理（手法）を見つけて、ハを $\frac{1}{2}$ にする手法を見つける、しかも、ハを $\frac{1}{2}$ にするとは、絶対的なものではなく、例えばニをゼロにするような方法が見つかれば、もっと良いわけです。それを標準にします。

　この場合の標準とは、現在の設計法の中で一番良い条件を示したもので、適用できる範囲や条件が明確に記載されていなければなりません。標準は、それが適用できないものを設計することを禁止するものではなく、次の設計技術の改革への足がかりなのです[3]。しかし、多くの場合、標準は無批判に従うべきものと考えられ、制約条件にされているのです。

　安易なチェックリストの作成による制約、標準への誤解（標準もチェックリストと同じように無批判に適用するもの）が、設計者の思考停止と、がんじがらめの中での設計環境を生んでいるのです。

　チェックリストは便利で、設計を助けることもありますが、制約することも多いので、必要最小限の項目に抑えるべきです。最近は、再発防止の手段として安易にチェックリストをつくることが多いようです。できたら、適用範囲が狭いチェックリストはつくらないほうが良いと思います。

　標準は標準の意味、「現在の最も良い設計を示したもので、次の設計技術獲得への足がかりという」ことをよく考えて、作成し、使うべきです。常に改善・改革により更新されている標準が理想です。これを理解しないと、膨大な問題に気づかない、思考停止設計者集団をつくることになるのです。

（3） 再発防止のために、新たな手法を押しつける

　品質が設計者に嫌われる要因として、品質確保の活動が、設計者の過剰な負担になっていることもあります。大きな市場問題を起こすと、開発部門は、品質管理部門から、いろいろな品質確保のための手法を押しつけられることになります。開発部門は問題を起こしてしまったという後ろめたさから、しぶしぶそれを受け入れます。あるいは、開発部門トップが汚名挽回のために、新しい品質確保のための手法を取り入れる場合もあります。いずれにしても、それらを実施する設計担当者にとっては迷惑な話です。なるべく負荷がかからないように、形だけやったふりをすることになるのです。結局、効果はすぐに上がらなくなり、また問題を起こし、新たな手法を導入することになります。前の手法をやめるわけではないので負荷は増えるのですが、**図 1.11** のように効果の上がらない改革を繰り返すことになるのです。頻繁な改革ではありますが、Continuous Improvement にはなっていないのです。

（4） ゲートレビュー

　例えば、ゲートレビューという「開発の節目節目で、開発の進行状況と、問題の有無を確認し、節目ごとに設定された目標を達成しているものを次のステップに送る」という手法があります。節目が定義されていない状況に比べれば、それぞれの節目を意識して開発を進めることにな

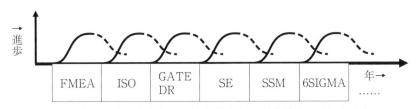

図 1.11　次から次へと新しい手法を導入したが自社のモノにならない

りますから、開発は整然と行われるようになり、効果は出ます。しかし、このゲートを通らなければ次のステップに行けませんから、開発者は必死にゲートを通すために問題がないことを強調した資料をつくりますし、会社としてもすべてのゲートでいちいち開発が止まってしまうようなことが起きては大変ですから、通すのが前提のゲートになってしまいます。つまり、問題に気づかれないような資料をつくり、問題に気づかないような会議をやって、品質が確保された気になっているのです。そのために開発者が膨大な時間を使っていることだけは確かです。それだけエネルギーを使っても、ここで議論されるのは決められた目標に対する達成状況(**図 1.5 B**)だけで、お客様の期待に対する議論(**図 1.5 C**)ではないのです。

(5) FMEA

FMEA という世界の標準になっている信頼性管理手法があります。設計者が自分の行った設計を振り返り、多面的にそのリスクを評価し、リスクの高いものに対してはリスクを下げる設計修正を行い、より信頼性の高い製品に仕上げる手法です。非常に論理的で、設計者の思考に合ったプロセスをたどって解析できるのが特徴で、いろいろな品質標準で必須事項に取り上げられています。

通常、A3 の用紙にぎっしり言葉が書き入れられ、それが何十枚、何百枚のセットになって、ひとつのシステムの解析になります。見ただけで、何かちゃんとやっているような気になる書類です。

しかし、大部分のところはコピー＆ペーストでき、何百枚の中で考えなければならないところはほんのわずか、という、極端な場合は、旧製品の FMEA そのままで FMEA をやりました、ということも可能な使い方になってしまっています。将来品質問題でも発生したら、こんなにちゃんと設計しましたと言い訳するためにつくっているようなものです。

市場問題が起きると、当然、その項目はここに書かれていませんから、「想定外でした」と答えて、再発防止は「FMEAにその項目を書き入れます」ということになるのです。つまりFMEAは複雑に書いたチェックリストと誤解しているのです。

　ある米国の会社には、FMEAをファシリテートするしっかりしたチームがありました。彼らが中心になり、年間のFMEA計画を立て、それに沿って、粛々とFMEAを実施していました。あるとき、FMEAを実施する会議に参加しました。FMEAファシリテーターが中心になり、あるシステムのワークシートを議論していきました。参加者のポイントをついた意見、設計者（サプライヤー）の受け答えなど、筆者の目には申し分のないFMEAに見えました。一通り議論が終わって閉会というときに、筆者は「素晴らしいFMEAだったと思います。ところで、この結果は開発にどのように反映されるのですか」と聞きました。その瞬間、皆が顔を見合わせ、黙ってしまいました。もう量産時期は迫っており、結果を反映させることはできないので、次の開発のための参考資料とする、というのが彼らの気持ちだったのです。次の設計に反映するというより、量産になってからの訴訟対応のためにファイルしておくというのが本音でしょう。

　最近は、膨大なコピー＆ペースト資料になるのを避けるために、システムの中で設計変更のあった部品だけを取り出してFMEAにまとめる場合が多くなってきましたが、機能・故障モード以下は、結局従来のチェックリストを当てはめるだけに終わっている場合が多いようです（この変更部品のFMEAをDRBFMだと思っている人もいるようですが、変更部品のFMEAは問題発見を目的としたDRBFMとはまったく異質のものです）。

　FMEAですらこんな状況ですから、他の管理手法も、本来の目的を失って、形だけ残っているものが多いのです。

次から次へと問題が起きる度に、新しい手法を導入し、それが十分効果を発揮しないままに設計者に負担をかけているのです。その大本には「品質確保のために……」という大義名分があるので、心理的にも品質に対する拒否反応はますます強くなります。

(6) 頭を使わない仕事に埋もれている

このような状況の中で仕事をしているので、お客様のために品質の高い製品を提供するという仕事は、どんどん頭を使わなくてもできる、体力勝負の忙しいだけの仕事になってしまうのです。AIによって一掃される種類の仕事です。

このような状態になったのは、根本的に何が問題だったのかを考えて、これらの仕事を大きく変える必要性が見えてきます。

もともと、問題に気づかなかったということが問題の発端だったのです。標準やチェックリストに依存することによって、ますます気づかな

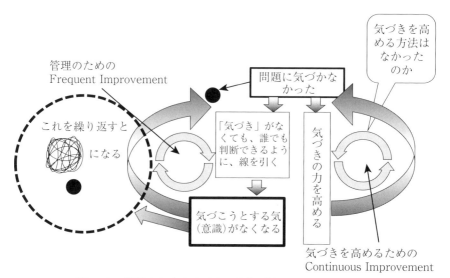

図1.12　管理のためのサイクルと気づきのためのサイクル

い人が増えているという問題もあります。標準やチェックリストが思考停止を助長しているのです。

　そして、問題が起きると、なぜこんなことに気づかなかったのか、と部下を叱ります。しかし、気づかない部下を育てたのは、あなた(上司たち)なのです。気づきに依存するような、曖昧なことに頼るのではなく、確実にチェックする方法に頼れといったのは上司たちなのです。それが、今の状況をつくっているのです。そして、抜け漏れがないように、もっとしっかり仕事をしろといって、仕事を増やします。

　もう一度、「気づかなかったのだから、気づくようにする」という、基本的な考えに沿って仕事を改革したらどうでしょうか。それが、本書で薦める発見力を活かす考え方の基本です(図 1.12)。

第2章

創造と品質問題解決の対立を克服する

2.1 魅力的品質と当たり前品質

　お客様の苦情に必死に対応しようとしている品質関係者と、企業は新しいことに挑戦しなければならないと思っている人々との対立は、すでに1980年代にありました。

　1984年、狩野紀昭氏はこの対立概念を見事に超えてみせました[11]。欧米でもKano Modelとして知られる図式です（**図2.1**）。従来のお客様の苦情を解消する品質を「当たり前品質」とし、これに対して「魅力的品質」を定義して、新しいことへの挑戦を品質活動の一環として示したのです（実際にはこれらの間に一元的品質も定義されましたが、ここでは当たり前品質と魅力的品質の2つに注目します）。

　従来の品質活動に壁を感じていた多くの人々は、この考え方に共感しました。特に、新しいことに挑戦しなければならないと感じていた人々は、品質チームはもっと魅力的品質の向上に協力すべきだと主張し、企業を挙げて、「これからは魅力的品質だ」と宣言した企業が増えました。その中で、品質チームも「これからは魅力的品質だ」といって、当た

第 2 章　創造と品質問題解決の対立を克服する

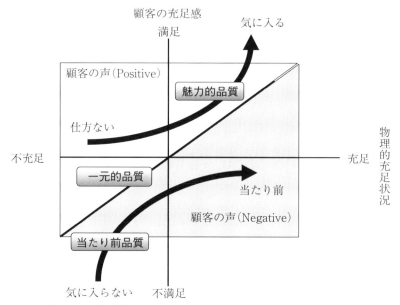

出典）狩野紀昭他「魅力的品質と当り前品質」、『品質』、Vol. 14、No. 2、1984 年

図 2.1　狩野モデル

前品質の追求を忘れて（弱めて）しまったところもあります。また、魅力的品質なのか、当たり前品質なのかの区分は、結果としてお客様が判断することで、開発の段階では明確ではありませんから、例えば、設計者は「このシステムは魅力的品質を追求しているのだ」と主張し、品質チームは「これは当たり前品質だ」と主張し、ますます対立を激化してしまったケースもあります。あるいは、魅力的品質を追求しているという名目で、治外法権を主張する設計者も出てきました。

トヨタの初代レクサスは、鈴木一郎氏の下で徹底的に当たり前品質を追求した成果といえると思います。新しい特別な機能をつけ加えたわけではなく、従来の機能を徹底的に高めた結果がトヨタの初代レクサスだったのです。それでも、十分世界に驚きを持って受け入れられたのです。

従来の当たり前品質を徹底的に追求するだけでも、お客様にとっては十分魅力的だったのです。

新しい魅力的品質を追求した人々が必ずしもうまく行かなかったのは、これからは「魅力的品質」だといって、それだけに走ろうとした(二律背反と考えた)所だと思います。

狩野氏は「品質には3つの性格がある(魅力的品質、一元的品質、当たり前品質)」ことを示したのであって、「これからは魅力的品質だけでいい」と述べたわけでも、新たな対立を煽ったわけでもないのです。当たり前品質だけに目を向けていた品質チームの人々に「3つの品質を品質の範疇として考えるべきだ」というブレークスルーを迫ったのです。しかし、3つに分けると、どうしても「どれに属するのだ」という議論になってしまいます。せっかくブレークスルーを提示したのに、受け取る側は、過去の範疇でしか取り入れていなかったということです。

筆者は、品質の考え方にブレークスルーをもたらさなければならない、そして、それにはお客様という視点が大切であるという点で、大いに共感しています。

2.2 次は未然防止だ

1980年代、自動車の強度(信頼性)評価に従事していた筆者は、市場問題を解決すると、いつも「お前たちは、問題が起きれば、原因を究明して、解決し、再発防止もできる。しかし、なぜ問題が起きる前にそれがわからないのだ。問題が起きてからの対応では会社に貢献したことにならない」と言われていました。反論できない言葉ですが、心のなかでは、「開発の中で、ちゃんと防止をしているから、この程度の問題で収まっているのであって、もしそうしていなかったら、もっともっとたく

さんの問題を抱えていたはずだ。信頼性の仕事は、評価してもらえない仕事だ」と思っていました。しかし、いつかは問題が起きる前に防止できるようになりたいとも思っていました。

そして、1990年代に入り、多くのトップマネジメントが声を揃えて、「問題が起きたとき、問題解決はできるようになった。再発防止もできる。次は未然防止だ」と言うようになりました（**図2.2**）。しかし、何が未然防止なのか、それは再発防止とどこが違うのかは、誰も教えてはくれません。筆者たち部長層が答えを出さなければならなかったのです。そのときに思いついたのが、「未然防止は創造的な仕事」というフレーズです。「未然防止は、経験した問題を再び起こさないように再発防止するのとは違い、まだ経験していない問題に気づくこと」、つまり、気づきの能力、創造性を使う活動として、GD^3の概念を構築していったのです。

実は最近になって、同じような悩みを1980年代にホンダでも抱えていて、当時の久米社長が中心になって挑戦していたことがわかりました。その経緯が、久米是志著『「ひらめき」の設計図』[4]に書かれています。とても興味深い本です。以下に、少し引用させていただきます。

図2.2　トップの一言「これからは未然防止だ！」

不具合現象は予測を超えたところで起こります。市場品質要件と検証法は製品が上市される前に不具合現象が起きないようにする確認の関門ですが、この関門の問題阻止能力には限界があります。すべてのユーザーが経験する使用条件をもれなく事前に経験する事ができれば、すべての不具合を事前に発見することも可能なのでしょうが、すべてと何かが分からない以上それを実行することは原理的に不可能です。

このような中で、久米氏らは、答えの見えない航海の中で翻弄されます。そんな中で、ある人の助言をもらいます。

　ある人とはホンダの創業者の一人である故・藤沢武夫さんだったのです。毎年ジリジリと上昇を続ける市場品質関係の費用が経理的にも気にかかる数値になってきた頃、すでに引退して数年、最高顧問とはいえ経営には一切口を出さず会社にも足を運んだことのない同氏から、「会って直接話したい」という声がかかったのです。同氏はそこで、技術とか品質といった具体的な問題に一言も触れたわけではありません。助言は「予知、予見」ということについて、同氏の長年の経営の苦心からにじみ出た一つの普遍的な方法論であったように感じ取れました。
　「お前さんたちは、口を開けば先進的だの未来だのといっているようだが、いくら先を見つめたってそんなところに未来はないよ。もし、どうしても先を見つめたいというのなら、未来ばかりのぞこうとしないで自分達の過去を探しなさい」
　「…そういうとすぐに、あの時はこうやって巧くいったとか、これはこうして成功したとか、昔の良いことばかりを探しだすが、そうじゃないんだ」

「お前さんだって、これまでいろいろ失敗したことがあっただろう。皆それぞれが過去に失敗した思い出を抱えているはずだ。それもちょっとしたことじゃない。思い出すのもいやだというのがあるだろう」

「辛いだろうけど、過去のそういう失敗を底の底まで探ってみなさい。それも傍から見てああだこうだということじゃない。不正確でもいいから、そのとき自分は本当にどう思ったか、何を感じ何を考えたのか、何でもいいから思い出せるだけ思い出して、心の底に溜まっている泥を一度正直にさらけ出して、その中を探ってごらん。その過去の泥の中に未来を開く鍵が見つかるはずだよ」

（中略）

毎日錆び果てた部品やガスケット等を前にして、横目でグラフや苦情の情報を見ながら、個々の問題解決に腐心している身にとっては、この助言は何処か遠い世界の話のように思えました。もっと正直なところをいえば心配をかけて申し訳ない、恥ずかしい、あるいは有り難いといった様な感情とともに、こんなことをいわれて悔しい、日夜苦労しているのに何でこんなことを言われなければならないんだ、といった怒りの感情も共存していたことを否定することはできません。会議の後で思わず出てしまった怒りのつぶやきに、同席した同僚がフッと反応しました。「そんなことをいうなら、もうあなたにはついていかないよ」

このようなやり取りのあと、結局、久米氏たちは、藤沢氏に言われたとおりにやってみることにしました。自分の設計したところから発生した不具合現象についての回想レポートを書いてもらい、部屋いっぱいに貼りだして、一週間、朝から晩まで、そこから心の底にあるものを読み取ろうとしましたが、「これは」と思うようなことは何一つ見つかりま

せんでした。

　「しばらくして、ふっと目が覚め、まだ半ばモーローとした状態で見るともなく壁に目をやると、そこに書きだされている文章の末尾の1行が目に入ってきました。
　（中略）
　そこには、こう書かれていました。
　「…それにしても、そんなことが起きるとは思わなかった」
　そりゃそうだ、俺だってそんなことが起きるとは思わなかった、はっとして目が覚める思いがしました。ことのすべてはここから起こっているのではないか、そう気がついて、壁に張り出されたすべてのレポートについて、一つ一つ、次のように自分に問いかけてみました。
　「…あなたは事前に『そんなことが起きることがある』ということを知っていたのですか？」
　ほとんどすべての答えは「NO」でした。レポートを提出した人たちは皆それぞれの専門分野で経験も積み熟練した技術者たちです。其の人達の持っている経験と知識を傾けて設計された製造物は、不具合現象が発生する事のないように別な人たちが様々な試験によって、検証を行います。しかしそういうプロセスを経て上市した製品から思わぬ不具合を現象が発生したのは厳然とした事実です。更に市場で発生してしまった不具合現象はその事実に基づいて原因が究明され、大抵の場合には「こうすれば其のような現象は起きない」という対策がみつけだされているのです。」

　これをきっかけに、久米氏たちは、「…そんなことが起きると思う」方法を構築していきます。それについては、後の章で、本書で紹介する

手法と比較していきますが、ここに引用した箇所からも、どこの(自動車)会社でも、同じ頃に同じことで苦労していたことがよくわかります。それは、従来の手法では、「そんなことが起きると思わなかった」問題を防止(未然防止)することはできないということです。恐らく、みなさんの会社でも、同じようなことが起きているのではないでしょうか。

2.3 想定品質と潜在品質

1.1 節(4)で、「品質(問題)とは、その製品に対するお客様の期待からの乖離」と定義しました。そして、品質問題はあらかじめわかっていて目標を設定していた領域ではなく、お客様の期待を想定できなかった領域(**図 1.5 C**)から起きると述べました。つまりここが、「…そんなことが起きるとは思わなかった」領域なのです。私達が「未然防止」とか「問題発見」といっているのは、あらかじめ想定した問題が防止できているかどうかということではなく、想定していなかった問題を発見するということなのです。しかし、多くの人は、想定していた既知の問題が市場で起きていると考えます。そのほうが説明しやすいし、楽だからです。管理をしっかりやれば、防げると思いたいのです。

狩野氏は品質を当たり前品質と魅力的品質に分けたのですが、本書では既知の開発目標が明確な品質(以下、「想定品質」と呼びます)と、それ以外(既知の開発目標に含まれていないお客様の期待。以下、「潜在品質」と呼びます)に分けて考えます。分けて考えますが、それはお客様の期待(に応える)という意味では一体であり、その中で、目標が設定されている既知の部分と、未知の部分の間に線を引いただけなのです。狩野モデルの当たり前品質と魅力的品質のように、別のものではないのです。既知と未知の間に引いた線は、固定的なものではなく、常に変化し

2.3 想定品質と潜在品質

ていくもので便宜的なものです。しかし、みなさんはこの線を固定的に考え、お客様の期待を満足するということは、この線（想定品質）を満足することと考えていないでしょうか。

例えば、

- 設計者は与えられた目標を満足できる製品を設計するのが使命で、お客様がそれ以外に期待していることは、知る必要がない。
- 実験担当者は設計された製品が、設計目標を満足しているかどうかを正確に判定することが使命で、その製品を使ったお客様が、どんな不満を持つかなどということは、自分たちが考えることではない。
- サプライヤーはOEMから与えられた目標を満足できる製品を供給することが使命で、その先にいるお客様が何を期待しているかは感知しない。
- 原子力発電施設を設計した人は、家具を設計しているようなもので、津波で建屋が壊れることは、家が壊れるようなことだから、家具の設計者は考える必要はない。

といった発言の裏には、想定品質だけを満足するという目標第一の考え方があると思います。もともと、その産業が未成熟な勃興期には、規格も目標もない時代があったと思います。みんな、手探りで潜在問題を探すのが当たり前だったのです（**図 2.3 (a)**）。しかし、いろいろな経験を積むにつれて、規格や目標が明確になり、それを目指し、達成することが仕事に中心になってきたのです（図 2.3 (b)）。まだまだ潜在問題の部分があり、設計も工程も変化しているので、新たな潜在問題領域を生んでいるのに、目標を達成することだけが、仕事になるのです（注：**図 1.5**、図 2.3 はあくまでも比喩的に想定品質と潜在品質、お客様の期待の関係を表したもので、それぞれの高さや面積に特別な意味があるわけではありません）。

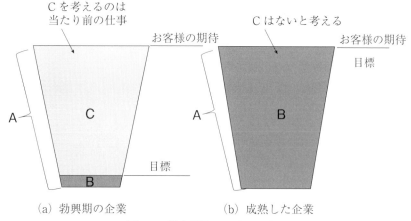

図2.3　潜在問題Cの位置づけ

　新しい製品を開発する際、私達はその製品をお客様が使うときの条件を想定し、そこで所期の機能を果たすように、いろいろな目標を設定します。そしてそれを達成できる製品を設計します。さらに、製造部門は目標どおりの製品ができるように、工程を組み、製造します。

　このようにして製造された製品は、設定された、あるいは自分たちで設定した目標を満足しているはずです。もちろん、最終的には所期の目標を達成できなかった製品もあるでしょう。そのような場合は、それがお客様に迷惑をかけないことを確認(想定)したうえでお客様に提供することになります。つまり、目標を変更したことになります。そういう意味で、お客様に提供している製品は、すべて設定した目標を満足していることになります。

　しかし、お客様はその製品に満足しない場合があります。お客様のクレーム・不満です。このようなことはどうして起きるのでしょうか。この製品は、自分たちで設定した目標を達成しているのですから、目標を設定していなかった所、すなわち想定外の問題が起きたはずなのです。それが図1.5 Cの潜在問題の意味です。ですから、問題を解決しようと

思えば、潜在問題の領域に原因を探しに行かなければなりませんが、多くの場合、このような問題が起きると、その製品が本当に目標を満足していたのかどうかを再確認しようとします。もちろん、目標を満足していないことも想定外であり、どのような想定外のことが起きているのかを知るための第一歩になるかもしれませんので否定はできませんが、最初に想定した問題の存在を確認するのはなぜでしょうか。それは、責任の所在を明らかにしようとしているのです。責任の所在を明らかにすることイコール原因を究明することと思っているのです。しかし、多くの場合その期待は裏切られます。開発のプロセスや製造のプロセスで確認したデータと現在の製品のデータに変化が認められないのです。問題は想定していなかったところで起きるのです。想定外の領域、**図 1.5 C** を早く探さなければならないのです。

また、市場で問題が起きると、問題が起きることは想定していたのだが、目標のレベルが低かったとか、不明確だったといって、言い訳することもあります。しかし、少なくともそのレベルで可と判断したときは、ある条件を想定して判断していたはずです。それがその条件とは異なる状況で問題が起きたので、やはり想定外のことが起きているのです。

例えば、ある製品をアルミダイキャスト製から樹脂製に変更したとします。樹脂製のほうには、型取りの関係で、パーティングラインができてしまうことが量産間際にわかったとします。つまり、パーティングラインが問題になるかもしれないということには気づいたのです。そして、それを目立たなくする努力をして、この辺ならいいだろうと思って量産化したのですが、世の中に出した途端に、大問題になりました。なぜでしょうか、お客様は今まで、そこにパーティングラインがないアルミダイキャスト製の製品に満足していて、パーティングラインがそこにある製品は受け入れられなかったのです。それが、ネットで炎上して大問題になったのです。問題は、そのような状況を想定できていなかった、気

づかなかったということで、パーティングラインの評価レベルが正しくなかったという、簡単な問題として片づけてはいけないのです。

　このように考えると、目標を満足して量産した製品が、お客様の期待を満足しないというが起きるのは、問題が起きる前にそれに気づかなかった想定外のことが起きているということなるのです。問題が起きると、簡単に責任部署を決めて、そこに問題解決を丸投げしたり、問題が起きることは気づいていたのだけれど、目標のレベルがちょっと低かっただけなので、それを引き上げる程度の対策でお茶を濁すようなことをやっているのです。それよりは、「そのようなことが起きるとは思わなかった」「お客様の期待に気づいていなかった」と考えたほうが、遥かに有効な再発防止策を見出すこともできるのです。

　本書で述べる「問題を発見する」ということの対象は、**図 1.5** のカップのＢの領域、目標を達成していないということではなく、Ｃの領域、想定しなかった問題なのです。さらに、事実の発見、原因の発見、対策案の発見と解説していきますが、いずれも発見とは、想定していなかったことの発見なのです。知っていることをすべて書き出して、もれなくチェックするのは「発見」ではないのです。このことをここでしっかり、心に刻んでおいていただきたいと思います。**図 1.5** は、私達が片時も忘れてはならない図なのです。

2.4　私達はいつも顕在化された品質だけを考えている

　「品質＝お客様の期待」(**図 1.5 A**)には、気づいている品質(想定品質)を達成することにより確保される部分(**図 1.5 B**)と、気づいていない品質(潜在品質)に気づくことが大切な領域(**図 1.5 C**)で構成されています。

ところが、私達は製品を開発するとき、組織の役割、責任を明確にし、既存の手法や管理システムを駆使して、効率的に想定品質の目標を達成することを第一に考えて、開発を進めています。開発のプロセスで、想定品質目標を達成していないことは、常に明確に見える化され、それを改良し、目標を達成することには、全精力を集中させますが、一度目標を達成してしまえば、それ以上のことは考えません。目標を達成するための手段を発想するためには気づきの力（創造性）も使うこともありますが、誰が使うかは、役割と責任が明確に決められており、それ以外の人は、決められた手法で、自らの役割を淡々とこなすだけです。

このようにして、開発のプロセスを終えて製造のプロセスに入っても、それぞれの人々は役割に従って、決められた手法で、製品を製造し、それぞれの工程で、問題がないことを証明し、結局、お客様に製品を送り込むことになります。

つまり、創造性を発揮するのは、設定された目標が達成できないときに、達成手段を発想する人だけで、それ以外の人たちは、決められた（品質）目標を達成するために、決められた仕事を、決められたとおりに実行することが大切で、そこには創造性のかけらも要らない仕事を実行しているといえないでしょうか。たまたま初期の目標が低いとすべての人たちがただ淡々と仕事を進め、目標を達成していることを証明し、次の工程に製品を受け継いでいることになります。どこにも問題ない（想定品質の目標を満たしている）ことを証明してお客様に製品を渡します。目標に決められていない、お客様の潜在問題を発見して、それに時間やお金をかけることは、むしろコストと納期の目標を乱す罪悪なのです。

しかしお客様は、当然それがどのような目標で開発されたか、ということは知らないので、お客様は自分の期待に照らして製品を見て、いろいろ不満を持つことになります（**図1.5 C**）。お客様は自らの期待と、会社の目標どおりに開発された製品の乖離に不満を持っているのですが、

会社ではお客様は想定外のことにクレームをいっていると考えます。

　社員たちにとって、それは想定内の(目標として与えられた)ことではないので、自分の責任ではないと、対応しようとしません。そこで、社長は「品質問題が起きたら、みんなで力を合わせて、お客様第一に考え対応しろ」ということになるのです。社員たちは渋々対応を始めますが、自分の責任の範囲で、目標を上げて対策できれば、対策完了という報告をします。それによってその後の製品のコストが上がろうが、お構いなしです。一方、自分の責任に結びつけられなければ、自分の責任の範囲では問題がないので様子を見るという判断をします。その瞬間に社長はお客様第一(お客様の期待)をすっかり忘れてしまうのです。

　一方で、社長は製品が思ったほど売れないのは、他社と比較して創造的なアイテムが少なかったからだと考え、もっと創造的な仕事をしなければならないと、創造性を発揮すべき人たちと思っている人(例えば設計者)に発破をかけます。品質などを考えて、目標を低くしてはいけない、と考えてしまうのです。つまり、会社には創造性を発揮するわずかな人と、決められた仕事を、決められたようにこなすたくさんの人がいれば良いと考えているのです。そして、このたくさんの人たちには、頑張りすぎて、創造性を発揮する人たちを抑えるようなことはしないでほしい、決められた役割の中で、そこそこの仕事をしてくれれば良い、売れる製品ができないのは、このたくさんの人たちが、余計な仕事をしてしまうためだと考えてしまいます。それが、上記の社長の本音なのです。

　このような考えで仕事を続けていると、創造性(発見力)を使えと言われる人と、使わない人の対立はますます深まり、仕事は、自分達で決めた目標を達成することだけにこだわり、そこから、一歩も外に出ようとしないカルチャーが根づいてしまいます。そうなると、社長は目標をもっと高くしろと発破をかけ、人々はそれを達成できないと、なんとか達成できているように見せかけようとする、お客様を忘れた攻防を繰り広

げるわけです。

この、「創造性を必要とする人」と「創造性を必要としない人」がいるという対立を、根本的に克服する方法はないでしょうか、それが今から述べる、すべての仕事で「問題発見を仕事の中心に持ってくる」ということなのです。

2.5 トヨタの仕事は発見の競争

トヨタでは、「部下の報告を聞いて、問題を指摘できないような上司は、上司の資格がない」というトップがいましたが、正直、筆者は嫌いでした。今になって考えると、それは「問題の定義」と「目的」次第だと思います。

問題を「上司の考え(目標)との差」と考えると、上司はどんどん重箱の隅をつつくようになって、不毛な議論になります。上司が指摘する目的も重要です。指摘して懲らしめるとか、優越感にひたるのでは部下は浮かばれません。あくまでも、部下の報告で気づいていない問題点(潜在問題)を指摘して付加価値をつけ、部下の成果をもっと良いものにして、部下を助けるための指摘なら、部下も素直に受け入れるでしょう。本当は、「部下の報告を聞いて、潜在問題を指摘し、一緒に対策を考え、部下を助けてやれないような上司は、上司の資格がない」といってほしいものです。実際、そうしてくれた上司もたくさんいました。

そう考えると、トヨタでは、厳しい問題の指摘とアドバイスは「挨拶」のようなもので、上司と部下の間でも、同僚の間でも、他所の組織の人との間でも、まるで競争のように頻繁に、「発見」が飛び交っていました。

トヨタには、監査改良という言葉があります。トヨタが監査を取り入

れるとき、初代社長の豊田喜一郎が「監査するだけでは意味がなく、同時に改良をしなければならない」と考えたことに由来すると聞いています。つまり、発見と改良は、常に対に考えられます。ですから習慣として、問題を発見したら、その人が解決するのは当たり前です。例えば、「自己申告制度」では、問題の発見だけでなく、自分で解決策を立て実行することが求められます。毎年の成果評価も、目標を達成した結果は、全体の評価の半分くらいで、残り半分は、そのプロセスでどのように問題を発見し、価値に変換してきたかが求められます。つまり、設定した目標を達成するのは当たり前で、それ以上のことで評価するのが当たり前のカルチャーだったのです。

　トヨタを卒業して他の環境で育った人たちと話をしたとき、「問題を発見した人に解決の負担をかけるのは良くない、いい出しっぺが負担を強いられると問題を発見する人がいなくなる」という話を聞いて、びっくりしました。私の頭のなかでは、「問題を発見したら、解決する」のは当たり前で、それが、自分の成長にも、評価にもつながっていると思っていたからです。

第3章

問題とは何か

3.1 新しい問題の定義

　世の中には、問題という言葉を使うことを非常に嫌がる人たちがいます。九州大学MBAの教授を兼務していたとき、公務員出身の学生から、「公務員は国民の税金を預かって仕事をしている公僕だから、自分達で企画したプロジェクトに失敗はあってはならないし、問題があってはならないのです。常に成功あるのみで、問題だといって振り返るようなことはしないのです」と聞いて、唖然とした思い出があります。

　ある企業では、何か変更するとき、改良・改善とか、最適化という言葉を頻繁に使いますが、前のシステムに問題があったということは口が裂けても言わないというルール(？)を共有しています。設計者が「新しい製品はここを改良しています」というので、「現行の製品の問題はどのようなものだったのですか？」と聞くと「いや、問題はなかったのですが…」と口を濁します。さらに突っ込むと、不承不承、現行の製品の問題を話し始めます。しかし、彼は問題の具体的な状況がわかっていません。直したのだからいいではないか、といった口調です。つまり、

「問題」という言葉で事実を共有していないので、改良が適切なものかどうかわからないままに「改良」を繰り返しているのです。2.2節の藤沢氏の言葉を噛みしめていただきたいところです。

問題を考える仕事は後ろ向きの仕事、改良を考えるのは前向きの仕事と分けて考え、本来は一連の仕事なのに、別の仕事のように考えて、第1章の社長のように、対立する概念にしてしまうのです。

私達の頭は、「問題」という言葉に非常に嫌なイメージを持っており、あってはならない、隠したい、考えたくもないもの、と考えてしまう傾向があります。これを払拭しないと、問題発見を仕事の中心に持ってくるなどということは成立しないのです。あってはならないことを探すのが仕事の中心では、意欲が湧きません。

1970年代、問題の定義は、図3.1 a)のように、計画からの乖離あるいは目標からの乖離と教えられました。そして、PDCA（Plan-Do-Check-Act）のチェックとは、目標との乖離をチェックすることと習いました。この定義でも、当時の人々は意欲を持って問題に立ち向かっていたのですが、やがてこれでは目標と事実の間で繰り返し問題を発見することになり、どんどん小さなことに目が行って、大きく進歩できない

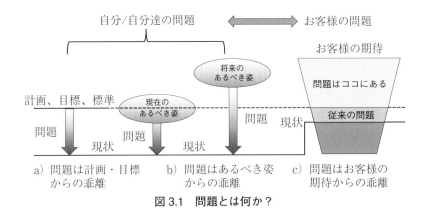

図3.1　問題とは何か？

ということに気づきました。

そこで、問題の定義を「あるべき姿」と現状とのギャップと改めるようになりました(図 3.1 b))。この「あるべき姿」が今のあるべき姿なのか、あるいは将来のあるべき姿なのかはっきりしませんが、その都度都合よく解釈されてきました。これによって、小さなところで PDCA を繰り返す状態からは脱却できたように見えますが、「あるべき姿」の捉え方によって、いろいろ解釈ができて、曖昧になってしまったのは否めません。それを避けるために、あるべき姿に到達する目標を数値で表すということを行います。それでは、最初の目標とのギャップが問題という定義とあまり変わらないことになります。目標からの乖離が問題(想定問題)というのはこの考えです(**図 1.5 B**)。

この問題の定義は、一体誰の問題なのかはっきりしていません。はっきりしていないということは、自分の問題と考えてしまう人が多いでしょう。つまり、「自分の仕事が目標を達成していない」とか「あるべき姿を満たしていない」とか、自分の問題を評価されているように感じてしまい、問題があることは、自分の欠点と思ってしまいます。なぜなら、問題のない状態は事前に想定されているので、想定問題を解決するところから始まります。そこには問題の発見の必要はないのです。

本書で私達が定義する問題は、第 2 章で説明したように、「お客様の期待からの乖離」です。つまり、「目標」でも「あるべき姿」でもなく、「お客様の期待」が目指すべき姿なのです(図 3.1 c))。もちろん、**図 1.5 B** で示したように、目標のレベルもそのなかに含まれますが、発見すべき問題とは、想定問題(目標からの乖離)ではなく、潜在問題なのです。潜在問題は想定されていないから、まず、発見力を発揮することが必要になるのです。それは、お客様を助ける意欲的な行為に繋がるのです。

では、お客様と直接接しない仕事の場合、問題はないのでしょうか。

自分で考えた、あるいは与えられた目標だけが問題の基準になるのでしょうか。もちろん、私達はすべての仕事で「お客様」を意識しているはずです。さらに、私達は「後工程はお客様」といつも言っているはずです。つまり、「後工程の人たちの期待」からの乖離が問題になり、**図1.5** は後工程との関係でも同じことがいえるのです。決められたルールどおりの仕事は**図 1.5 B** の部分です。それに加えて、後工程の人々の期待からの乖離（C の部分）があり、それを常に意識して発見しなければならないということです。

つまり、仕事の中心であり、発見すべき問題は、「お客様の期待、後工程の人々の期待からの乖離」なのです。このように定義すると、問題の発見は、想定できていない問題を発見するのですから、創造性を必要とする行為で、お客様の期待に応える意欲的な行為になるのです。

このように考えると「問題は忌み嫌うもの」という概念も払拭することができます。

3.2 お客様にとっての問題

発見すべき問題は、「お客様の期待、後工程の人々の期待からの乖離」と定義すると、「問題を忌み嫌う、隠したいと思う」気持ちは和らげられるかもしれませんが、逆に問題は直接自分の問題ではないから、発見したくないという気持ちが出るかもしれません。

1.1 節で述べたように、労働安全のハインリッヒの法則と品質のハインリッヒの法則の基本的な違いは、「労働安全の場合、自分が被害を被る可能性があるのですが、品質の場合、被害を被るのはお客様で、自分自身ではない」というところです。ですから、問題を発見しようと努力しないと、自分からは問題が見えない、問題はないということになるの

が、品質の特徴です。

　つまり、労働安全の場合、問題は自分や自分の仲間の問題として、主体的に考えることができますが、品質問題は自分に降り掛かってくるとすれば、その問題がお客様のところで明るみに出て、大問題だと自分に返ってこない限り、問題ではないと思えるのです。問題になるのは非常に不幸なケースで、大部分は尻をまくれる可能性が高いのです。そんな問題を考えるより、もっと楽しい仕事をしたいと思ってしまいます。

　自分が被害を被らないと思うと、わざわざ問題に気づこうと思わないし、対応する気が起きないというのが本音でしょう。これがもう一つの問題に正面から目を向けない原因です。

　ある会社で、APAT Management 研修を始めるに当たって、受講者に「あなたの職場の問題、前工程職場との関係での問題、後工程職場との関係での問題を、それぞれ説明してください」という宿題を出しました。受講者は、自分の職場の問題は具体的に説明できました。前工程との関係で生じている問題も説明できました。前工程が悪いからこんな被害を受けている、という不満です。しかし、後工程との関係になると、まったく問題を説明できません。無理に説明した人は、後工程は技術力がないとか、意識が低いなどの意見でした。後工程にはまったく興味がないのです。仕事が**図 3.2**のような関係で進行しているのです。自分が直接被害を受けない、お客様を含む後工程の人々の問題を、自分のこととして考えるのは難しいことです。しっかり後工程（お客様）を意識しなければ、問題を発見することは不可能なのです。

　お客様の問題を意識して考えるということは、お客様にとっての問題を発見し、価値に変換することを仕事の中心に据えなければならないということです。

　つまり、常に後工程を含むお客様に目を向けながら仕事を進める「お客様第一」の思想を意識し、徹底しなければならないのです。

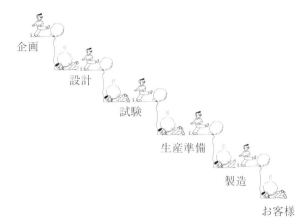

図 3.2　前後工程の関係

　会社の中で仕事をしている人の大部分は、直接お客様と接していません。そういう人達に、常にお客様を意識させるというのは、並の努力ではできないことです。決められた仕事をこなしていればわかる、つまり責任とシステムが完備していればわかるということではなく、お客様に対する意識を常に高めておくマネジメントが必要になるのです(**図 3.3**)。それには、直接接している、あるいはお客様により近い後工程の人々をお客様と考えることから、その意識が芽生えてくるのです。

　多くの会社が「お客様第一」を社是として掲げていますが、本当に、すべての仕事で「お客様」を考えているでしょうか。後工程をお客様と考えられないような人々の集まりが、お客様第一の会社といえるでしょうか。それが、第 1 章の社長の「市場問題が起きたときはお客様を第一に考えて…」という言葉に表れるのです。

　　　　前工程　　後工程　　　　　　　　　　　　お客様
　　　　図 3.3　前後工程が一緒に「お客様のために考える」

3.3 問題を起こせば罰せられる

　問題に目を向けたくないもう一つの理由は、これが一番大きいのですが、問題を起こせば罰せられる可能性があるということです。だから自分に責任がある問題が存在するとは絶対に考えたくないという気持ちに私達は支配されているのです。

　失敗を褒める会社があるとよく聞きます。お客様に製品が渡る前なら、そのようにもできるでしょう。でも、お客様の手に製品に渡ってからその製品に問題があることがわかったとき、褒められるでしょうか。また、褒めることは正しいでしょうか。お客様が困っているのに、それを褒めるというのは、お客様を考えていない行為でしょう。やはりお客様に迷惑をかけたことを叱らなければなりません。しかし、誰を叱るのでしょうか。

　例えばクレームのように、お客様から製品の問題を指摘されたとき、その製品を開発・製造した会社の中で、どのようにその問題を解決して

いくか議論されます。ある会社では、「この問題は誰の責任か」ということから議論を始めます。これは、「責任者」はこの問題を一番よく知っているはずだから、彼をリーダーにして問題解決を進めれば、最も効率的に解決できる、という一見合理的な行動に見えますが、現実はまったく違うのです。

　私達の仕事の責任は、わかっている想定品質を作り込むのに都合が良い体制が決められています。しかし、これまで述べてきたように、市場での問題は想定外の所で起きるのです。そのようなことは想定していないので、責任もはっきりしません。本書で決めた問題の定義では、罰せられることはないともいえます。しかし、それでも責任をはっきりさせようとする会社もあるでしょう。

　ここで責任の議論を始めても、決着がつくわけがなく、その間問題解決はまったく進まず、お客様は放って置かれることになるのです。特に、OEMとサプライヤーでこの議論を始めると、とんでもないことになります。それについては第9章で詳しく述べます。

　責任の議論はしないにしても、問題解決のリーダーとチームを決めなければ問題解決が進みません。大切なことは、問題解決のリーダーになりたいと皆が思えるような環境をつくることです。

　問題解決のリーダー（責任者）は、お客様のためにその問題を解決するのに最も能力（技術・マネジメント）が高い人が選ばれるべきで、その問題を発生させたかどうかとは無関係に選ばれるべきです。問題を発生させた人を選べば、挽回のために一所懸命やるだろうというのは間違いです。自分の責任だということを受け入れるのに時間がかかりますし、不承不承受け入れたとしても、なるべく自分に累が及ばないような結論にしたがりますから、結局お客様のために問題解決をしなければならないという気持ちにはなかなかならないのです。大切なことは、それが問題を作り込んだ人であろうとなかろうと、リーダーとして選ばれた理由は

問題解決能力で、問題の責任を取らせようということではないことを最初にはっきり伝えることと、問題解決の結果を公平に評価することです。

どうせお前は問題を作り込んだのだから、その問題を解決するのは当たり前で、評価はしない…ではやる気も起きませんし、問題解決から逃げたいと思ってしまいます。

問題への対応が済んで再発防止の段階になっても、一般には、問題の原因を作った人が再発防止をさせられます。これも嫌な仕事です。なぜかというと、自分達の仕事が増えるような再発防止をせざるを得ず、同僚や部下から白い目で見られるからです。

再び同様の問題が起きる背景には、問題の原因をつくったわずかな人には再発防止を要求しますが、問題を見逃した多数の人（発見できなかった人）には何の責任も問わないという問題があります。これでは、問題発見を中心に据えた仕事にはならないのです。つまり、図 1.12 の問題に気づくサイクルをしっかり回さなければならないのです。再発防止のリーダーは、問題解決からの流れを活かす意味でも、問題解決のリーダーが務めるのが良いでしょうが、再発防止の内容によって広い領域の人々が自分の仕事として担当しなければなりません。

問題を作り込んだ人は、具体的かつ実行可能な再発防止策を講じなければなりませんが、それ以上に、問題を見逃した人（発見できなかった人）も、それに対する再発防止をしっかりやらなければならないのです。こうすることにより、多くの人が問題解決・再発防止に関与するようになり、失敗による損失の元をとることができるのです。また、一方では、それが問題という言葉で議論することへの抵抗を和らげることになるのです。

このような具体的行動を通して、問題は自分の成長の宝であるということを実感することが大切です。

3.4　"問題"のまとめ

　本書では、潜在問題に目を向け、お客様に価値の高い製品を提供しようとしています。したがって、問題とは、私達が提供した製品が初期の目標を達成しているかどうかではなく、その製品に対するお客様の期待と、提供した製品のギャップです。つまり、自分が感じる問題ではなく、お客様が感じる問題なのです。それを常に把握していなければなりません。そのためには、「お客様第一」を、単なる標語としてではなく、その意味を理解し、行動しなければなりません。まずは、会社の中で後工程をお客様と考え、行動する習慣から身につけていくのが良いでしょう[3]。

　そして、お客様にとっての問題に常に目を向け、議論する習慣を身につけましょう。お客様のところで問題が発生したときだけでなく、問題が顕在化していないときでも、自ら問題を発見する(未然防止)という行動に結びつかなければなりません。

　そして、お客様のところで起きた問題を解決するときにも、責任者追及型の問題解決・再発防止を避けなければなりません。そのためには、問題を織り込んだことに対する再発防止だけでなく、問題に気づかなかったことに対する振り返りをしっかり行って、全員が参画できる再発防止にしなければなりません。

　このような習慣を社内に定着させることによって、「問題」という言葉を、仕事の最初に、気楽に使うカルチャーができ上がるのです。つまり、問題という言葉で仕事を始めるということは、仕事の最初に、お客様のところで起きている事実をつかみ、共有するということなのです。

第4章

発見とは何か

4.1 新しいアイディアの発想も問題への気づきも、同じ創造性の活動

　これまでに述べたように、私達は自分達で設定した目標を達成した製品を市場に送り出しているのですが、お客様はそれに必ずしも満足してくれるとは限りません。その不満が品質問題だと定義しました。つまり、品質問題が発生する引き金となるのは、お客様がそれを期待していることに気づかなかったこと、つまり、お客様に製品が渡る前に問題発見ができなかったことなのです。こう読み替えると、新しい機能を成立させる方法を発見するのも、品質問題をお客様より先に発見するのも、同じ創造性を発揮することにより達成されるのではないかと考えられます。

　「いや、発明や発見に繋がる創造性と、問題を発見する能力はまったく別のものだ」と言われるかもしれません。そこで、次のようなことを調べてみました。

　創造性を測定する手法の一つに、用途発想テストがあります[12]。これは、与えられたモノの用途を時間内にいくつ発想できるかというテス

トです。一方、問題発見能力を測るために、KYT（危険予知テスト）があります。これは、一枚の絵を見て、そこで起こりうる危険を、時間内にいくつ発見できるかというテストです。

これらをそれぞれ30分行って、その結果を相関図に表すと**図4.1**のようになりました。この図から用途発想をたくさんできる人は、危険もたくさん予知できるということが読みとれます。

それでも、自分を振り返って、新しいアイディアの発想は得意だが、問題の発見などという後ろ向きのことは嫌いだし、得意ではないという人もいるかもしれません。それは、そのことが好きかどうかだけの違いなのです。

このテストは学生を被験者として行いましたが、どちらも成績の悪かった一群の人達は、後で聞くと、このようなテストをされることに抵抗があって嫌だと思っていました。一方、成績の良かった人達は、このテストが面白くて、やってやろうという気持ちを持っていました。すなわ

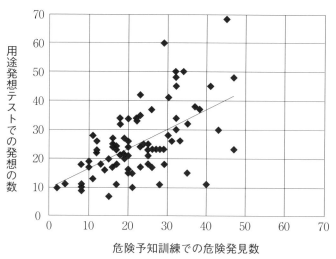

図4.1　発想力と問題発見力の相関

ち、創造性の芽はだれでも持っていて、それを発揮するのが面白いと思えるかどうかで、結果が大きく影響されるということなのです。

　以上のことから、これからは新しい発想の発見も品質問題の発見も、同じ問題発見という言葉で説明することにします。私達の製品が市場でお客様を満足させることができないのは、お客様より先に潜在品質問題を発見できないという発見力の問題なのです。

4.2　創造とは遠くのものの結合

　これまで、「発見」とか「気づき」とか「創造性」という言葉を定義せずに使ってきました。読者の中には、多少混乱している人たちがいるかもしれませんので、ここで少し考えてみたいと思います。

　「創造」とは、遠くのものの結合です。その結合に気づくのが、「気づき」＝「発見」と定義したいと思います。もちろん、その結合の有効性とか実現性、さらには新規性は重要ですが、基本的に重要なことは、遠くのモノを結合するという行為です（**図 4.2**）。

　例えば、Aという製品があります。A製品が持っている問題に気づくには、結合の一方は、A製品そのものです（**図 4.3**）。問題は細部に隠れているとよく言われます。したがって、A製品を細部までよく観察し、細部まで把握しなければなりません。つまり、一方の足はA製品にしっかり下ろしていなければなりません。

　この製品の周辺には、すでにわかっている問題がたくさん存在します。それらについては、チェックリストや標準類で問題が発生しないように保護されています。それはそれで、うまく使えばよいでしょう。それらは既知の問題（想定問題）で、その問題が起きないように正しい仕事をすることになります。多くの人は、問題の発生を防ぐ仕事はそれでいいと

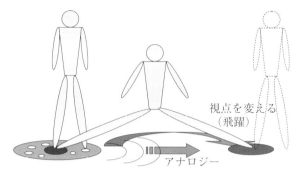

図 4.2　創造とは遠くのものの結合

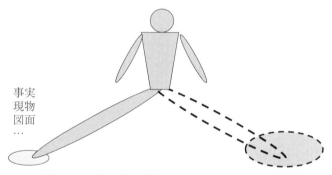

図 4.3　一方の足は事実の上にしっかりと据える

思ってしまいます。しかし、それは潜在問題の創造的な問題発見に繋がるわけではありません。潜在問題はそれを超えた領域に存在するのです。つまり、一方の足を、既知の問題領域を超えて遠くに伸ばさなければなりません（**図 4.4**）。

　つまり、片方の足には集中力が、もう片方の足には客観視する力がいるわけです。集中しているだけでは、A 製品の周辺の狭い領域を徹底的に探すことになり、気づきの力が生まれないのです。

　しかし、集中することも意外に難しいところがあります。後で問題が発生したとき、「実はよく見ていなかった。そうなっているとは知らなかった」ということがよくあります。後の章で、この方法についても詳

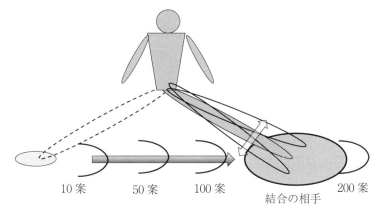

図 4.4 もう一方の足で、結合先を遠くで、広く探す

しく述べます。

　この、「集中する」と「客観視する」という、一見矛盾する2つの状態を同時に成立させるのが、発見の重要な要件なのです。この2つに、「良いイメージを持って諦めない」を加えて、創造のための3条件とし、COACH法と名づけました。

4.3 COACH法

(1) 創造のための3条件

　古来有名な大発明・大発見から私達が日々経験している気づきまで、その中に共通の要件がないかを考えたとき、3つの要件に集約されると気づきました。それは、

　　　Concentrating：集中する
　　　Objective：客観視する
　　　And

Challenging：良いイメージを持って諦めない

です。この頭文字をとって、C／O／A／CH法と呼ぶことにしました。良い発想にはCOACH（コーチ）が要る、ということです。

　そして、この発想法を高橋誠氏が『新編 創造力事典』[13]のなかで、一つの発想法として掲載してくださいました。この本では創造性に関わるたくさんの事例や発想法が、網羅されており、大変楽しい本です。一読を勧めます。

　発想法の多くは、集中して考えるところは当然として、その後で客観視する方法を示しています。ですから、あまり集中して考えていないのに、いきなり発想法を持ってきても、よいアイディアは思いつかないのです。

　COACH法では、AH^3という言葉で気づきのための3つの大切な事項を示しました。

- Aim High Target（高い目標を狙え）：もちろん高い目標に向かうことによって発揮される創造性もありますが、ここではAim Higher than Targetと言い換えたほうが良いかもしれません。図1.5 C領域で発見力を活かせということです。
- Attain 2Hundred（200案発想）：遠いものとの結合を発見するには、近いところには宝はないと自覚するくらいたくさんの結合を発想することにより、遠くにいくことができます。「他にないか」と考えるのも同じことです。
- Analogy & High Jump（アナロジーと視点の変更）：遠くへ行くために、いろいろなケースのアナロジーを使うことと、思い切って他のことを考えてみるのは有効です。

　以上です。詳しくは、前述の高橋氏の著書を御覧ください。

　いろいろな発想法の分類もこの著書に示されており、状況に応じて使い分けることもできます。自分にあった手法をマスターして、使いこな

4.3 COACH法   53

すのが良いでしょう。

(2) COACH法（AH³）の使い方

　製品の開発は、大きく先行開発と製品開発に分けられます。先行開発では、新しいブレークスルーアイテムを発想し、製品開発ではいろいろな背反事項を発見しそれを乗り越えることが大切になります。

　新しいアイディアを発想する際の考え方に、**図 4.5** のような 3 つの特徴的な思考法があります。

　a)は単一概念思考で、単に、こういうものがあったら良いとか、将来はこうなってほしいとかを単独に考えていくもので、夢のような話かもしれないが、実現性に乏しく、阻害要因がすぐに現れて消えていくことの多いタイプのものです。支えるものがなく弱いアイディアという意味で、このように表しました。アイディア出しブレーンストーミングのようなときに、このようなことが起きます。もちろん、それが誰も思いつかないようなことであれば良いのですが、そこに到達するには、相当遠くに脚を広げなければなりません。そのためには、高い目標を狙い、

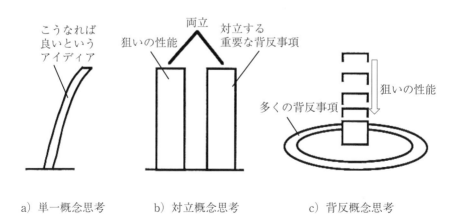

図 4.5　創造性発揮のための 3 つの思考法

200案発想することが必要です。

　b)は対立概念思考で、相反する2つの現象を明確にし、それを高いレベルで両立させるにはどうしたら良いかを発想していくものです。達成すべき現象の目標とそれに対立する重要な一つの現象の目標を高いレベルで設定し、それを両立させるアイディアを発想する思考法で、多くの欧米の人の思考はこのようなプロセスで行われているように思います。TRIZはまさにこの考えを使っているといえます。目を見張るような斬新なアイディアが生まれる反面、背反事項(対立する現象)を一つひとつ超えて行かないと最終製品にならないので、消えていくものも多いという問題があります。先行開発の段階で新しいアイディアを発想するには、この思考法を使い、目標とする現象と対立する現象に明確な高い目標を設定し、200案発想するのがよく、さらに8.2節で後述するように、発想したアイディアの素性(ロバスト性)を評価し、アイディアを選定することが大切です。

　c)は背反概念思考で、目標とする現象とそれに背反する多くの現象を同時に考えて、アイディアを発想するもので、背反事項も考えているという意味で、成功率は高いのですが、たくさんの背反事項を考えるので、本来の目標が下がっていく危険性が大きいものです。まさに冒頭の社長が心配した、品質をあれこれ考えるために、挑戦する気持ちが下がってしまう現象です。日本の企業の中で起きがちな問題です。先行開発の段階での発想には、この思考法は向きません。製品開発段階では、すでに先行開発で従来の製品に比べロバスト性がどうなるかがわかっているので、それに応じて図1.5 Bの部分は目標を達成していけばよく、この思考法を用いて狙いの性能を下げることなく図1.5 Cの部分の問題を発見し、先行から引き継いだアイディアを製品として実現していくプロセスと考えればよいでしょう。それが、本書の主題である「問題を発見し、お客さま価値に変換する」ということなのです。

第5章
発見力を発揮する仕事

5.1 発見するのは誰の仕事か

　問題発見力を必要とする、あるいは発見力を発揮できる仕事というのは、どのような仕事で、誰の責任なのでしょうか。

　図1.5で説明したように、お客様の期待に応えるということは、気づいていること(想定品質)と気づいていないこと(潜在品質)から構成されています。その境目は固定的なものではなく、その中身もお客様の期待に応えるという意味では、同じ目的の同じことなのです。しかし、今までの「気づいていることだけをしっかりやる」という仕事から、「気づいていないことにも気づく」という仕事に変える、そのために「人間の気づきの力、創造性を使う」という点では、今までにない仕事のやり方なのです(もちろん、個人的にはそのような仕事の仕方をやっていたという人はたくさんいるでしょうが、それが会社の仕事として明確になっているかというと、そういう話はあまり聞きません)。これは、当たり前品質から魅力的品質に視点を変えて、ブレークスルーを図ろうとした狩野氏のアイディアとも少し視点が違います。

お客様のところで問題が発生した時点から遡って、その問題をどこで食い止めることができるかと考えると、図1.2のような長い工程のどこかで食い止めることができれば、その問題は起きなかったといえます。品質問題が起きるということは、これだけの工程で、誰もそのことに気づかなかったということになります。

　そういうと、「私は『気づく』責任者ではなかったから、気づかなくても当然だ」という反論が返ってくるでしょう。そうです、実は今の仕事の責任体制では、気づく責任は誰にもないのです。私達の仕事は、最初から決められた仕事を行うように責任が決められており、その中で、「見えていないお客様の期待という潜在問題に気づく」という役割は誰にも与えられていないのです。

　しかし、市場で問題が起きてから各工程の人々に聞くと、「実は、私は気づいていた…」という人がたくさん出てきます。会社の中ではこのようなことをいう人は軽蔑されます。しかし、本当はこのような人の気づきを活かしきれていないことを、経営者は反省しなければならないのです。

　つまり、新しいアイディアが出ないという問題を、「創造と品質の対立」と考えた第1章の社長の考えはまったく間違いで、気づき（創造性）を大切にしない、自分自身の会社の運営を反省しなければならないのです。

　まず、潜在問題に気づくのは、上司、部下によらず関係者全員の責任であることを共有し、すべての人の仕事の中に、気づくために発見力を発揮する仕事を具体的に組み込まなければなりません。

5.2 問題発見を目的にした仕事「未然防止」

　問題発見を目的にした仕事を、筆者は未然防止というキーワードで展開してきました。「未然防止」を「問題の発生を未然に防止」すると解釈すると、お客様のところで問題を指摘される前に私達がやっている仕事は、すべて「未然防止」の仕事ということになってしまいます。設定された目標を達成するために行っている仕事や、目標を満たしているかどうか確認する仕事も未然防止の一環といえないことはありません。

　そこで、私達は図 1.5 を用います。すでに述べたように、市場で発生するお客様の不満は、設定された目標以下の問題（想定品質）ではなく、お客様の期待と、目標線の間で起きる潜在品質問題なのです。すべて想定外のことなのです。想定外とは、そのようなことが起きるとは気づいていなかった、つまり問題が発見されていなかったことなのです。このような問題が発生することを未然に防止する、つまり問題を発見し、それに未然に対処するのが、筆者が定義する未然防止なのです。

　既知の目標を達成するための仕事には、しっかりとした仕事のシステムや手法が用意されています。基本的には既知の問題に対する問題解決と再発防止が鍵になります。そこでは潜在問題を発見するという行為は原則必要ありません。決められた試験や検査が、目標に到達していないことを教えてくれるのです。

　一方、想定外の領域の問題は、まずそこに問題があるということに気づかなければなりません。つまり、問題発見ができなければ未然防止ができないのです。これが筆者の考える未然防止の定義、「未然防止とは、想定外領域の問題を発見し、価値に変換して製品に付加する、価値創造の行為」なのです。

5.3 問題発見は価値創造に繋がらなければ意味がない

みなさんは未然防止という言葉を聞いて、「今までの、問題解決や再発防止といった言葉とは違う、将来的な良いイメージ」を持たれる方もいるでしょうが、「石橋を叩いて渡らないといった負のイメージ」を持つ方もいるでしょう。

図 5.1 A に示したように、設計者が新しいシステムを思いつくのは、もちろん、創造的な、人の発見力を活かした行為です。しかし、それをそのまま世の中に出しても、お客様は歓迎してくれるわけではありません。いろいろな背反事項によって、お客様の期待を裏切り、結局図

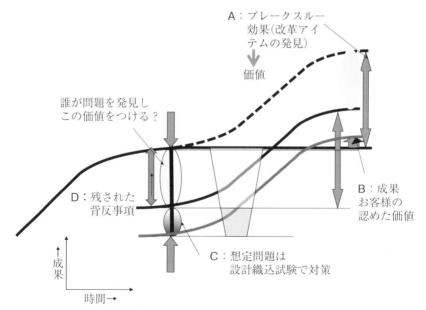

図 5.1　問題を発見して価値に変換するのは誰か

5.1 B のような評価しか得られないことになるのです。設計者自身もそれは考えていますし、実験もします。従来のわかっている目標設定(再発防止)で、ある程度は挽回できます(図5.1 C)。しかし、それでも想定されなかった問題(お客様の期待からの乖離)は図5.1 D のように存在します。これを関係者全員で発見し、価値に変換し、お客様の期待に製品を近づけ、設計者が最初に考えた性能を達成できるようにするのが、未然防止の考え方であり、これは設計者を助ける行為なのです。しかし、未然防止が「石橋を叩いて渡らない」行為と誤解されるのは、**図5.2**のように背反する問題があるから、A はやってはいけないと関係者が設計者のアイディアを否定することに走るからなのです。あるいは、関係者が問題を指摘しただけで、一緒に対策を考えなかったら、設計者に多大な負担をかけることになります。ここで、設計者と関係者の対立が生

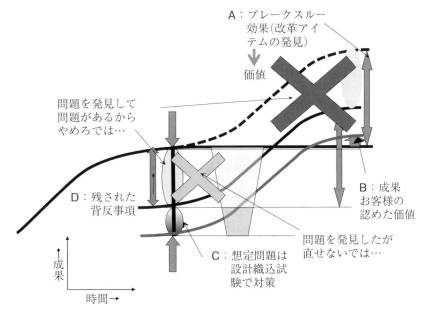

図5.2 「**問題がありからやめる**」では**価値を生まない**

まれることになるのです。この対立を避けたい設計者と関係者は、与えられた目標を満足しているかどうかだけを確認し、お客様にとっての問題の発見をしようとしなくなるのです。お客様を忘れているのです。

　ここで大切なことは、「問題を発見する」行為と「価値に変換する」行為を、必ず一連の行為として理解し、身につけることです。つまり、「問題を発見したら、必ず設計者と一緒に、それを解決することに協力する」「解決する気のない問題を、ただ心配だというだけで指摘しない」ということです。もちろん、そうできない状況もあるかもしれませんが、この原則が、設計者と関係者の間で共有されていることが大切です。未然防止の真の意味は「問題を発見し、価値に変換し、設計者とお客様を助ける」ということなのです。

　私達が議論をするとき、たくさんのできない理由を議論してしまうことがあります。レビューアーに何か指摘されると、設計者はできない理由を並べ立てたりします。そして、レビューアーはさらに「問題だからやってはいけない」を強調します。問題は問題として議論をしなければなりませんが、それをどうやって克服するかだけを、お互いに議論すべきです。「どうやったらできるか」を議論する習慣を身につけなければなりません。できない理由の議論は価値を生み出しません。

5.4　未然防止のための思考法・GD^3

(1)　GD^3 は創造的な仕事

　GD^3 は 1995 年、「GD^3 は創造的な仕事」というタイトルで、筆者が基本的な考え方を示した手法です。その後、多くの人々と議論を交わし、また実践の場での経験を通して、修正・発展させてきました。

5.4 未然防止のための思考法・GD³

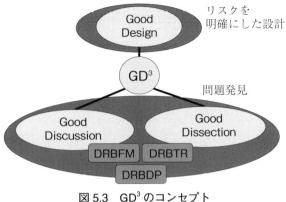

図 5.3　GD³ のコンセプト

図 5.3 に示したように、GD³ は G と D を頭文字にした 3 つの言葉で構成されており、GD³ と表し、ジーディーキューブと読みます。大きく分けて、Good Design と Good Discussion/Good Dissection の 2 つの部分で構成されています。

GD³ では、まず「問題に気づく（問題発見の）ための条件」を示そうと考えました。それは、創造のための 3 条件（COACH 法）から、最も直接的に、重要な条件である Concentrating と Objective、すなわち集中と客観視を取り入れました。もちろん、Challenging な（良いイメージを持って諦めない）気持ちも大事ですが、これは別の必要条件、「集中と客観視を成立させる場の条件」として考えることにしました。

(2)　Good Dissection

問題を発見するには、まず、目の前の事実に意識を集中させるために徹底的にモノを観察する必要かあります。それを Good Dissection（解剖をするように徹底的に観察する）という言葉で表しました。最初これを「モノをよく見て Good Design Review」という言葉で表していましたが、米国時代の同僚からこれは Good Dissection にしたほうが良いとい

う貴重な助言をもらい、これを採用しました。COACH 法の「Concentrating：集中する」に相当します。しかし、仕事の中では、次の Good Discussion の方に目が行きがちで、この Good Dissection が疎かになることがあります。Good Dissection と Good Discussion が同時に成立して、発見が生まれるのですから、重要な問題を発見できない原因になります。

打合せやレビューの場に、報告資料やワークシートしか持ってこない人がいますが、それではワークシートの書き方の問題しか発見できません。結局、目標を達成しているかどうかの審査になってしまいます。何をベースに議論すべきか、どこから問題を発見してほしいのかを考え、Good Dissection すべきモノを準備しなければなりません。

ではどうやって、Good Dissection をしたら良いでしょうか。COACH 法では、集中するために 200 案考えるという数値目標を設定しました。Good Dissection でいうならば、何箇所見るかということになりますが、残念ながらただ見た箇所の数を数えたからといって、集中度が増すわけではありません。

みなさんは、目の前のモノをどれだけ長時間観察することができますか。今 1 分が限度なら、その 10 倍、10 分観察できるように努力目標をしましょう。それが 200 案発想と同じ、集中のための数値目標になります。

拙著[1]では、ものの見方を図 5.4 のように表しました。これはある意味、モノを観察するときのチェックリストですが、大切なことはモノを観察することが好きになることです。

筆者の妻は、服飾系の学校の教師をしていたこともあり、周囲の人の服装やデザインに人一倍関心があります。テレビを見ていても、キャスターや出演者の服装に対して、突然コメントをいいます。私はまったく気づいていないことです。何も感じないで(テレビに誘導されるままに)、

図 5.4　モノの見方

漠然とテレビを見ている私達とは違い、明らかに自分の興味と結びつけながら観察しているのです。

　長時間、漠然といろいろモノを見ただけでは、集中したことにはなりませんし、発見に繋がることはありません。観察することはあくまでも、問題を発見するための一つの手段です。観察により何に気づくかです。

　観察をしながら、そのモノに関して気づいたこと(問題)を記録しましょう。このようなことを習慣化することにより、モノの観察するコツ、観察から問題に気づく目を養うことができます。

(3)　Good Discussion

　集中している視点を客観視するために、GD^3 では Good Discussion を採用しました。つまり、周囲の人と議論することにより、狭い範囲に集中している視点を拡げようとするものです。

　個人的に集中している視点を変える手法は、発想法として色々提案されています。必要があれば、それを使うのが良いでしょう。しかし、GD^3 では自分で視点を広げるのではなく、他人に視点を広げてもらう、つまり、他人との議論の中で、視点を変えることを重視します。

発想法にブレーンストーミングがあるように、他人と議論することにより、思わぬ視点に気づくことは多々あります。そのような意味で、GD³では「打合せ」を使います。打合せは、開発のプロセスでは、デザインレビューとか報告会とか、サプライヤーとの打合せとかいろいろありますが、それらをどのように進めるかが重要になります。第6章ではデザインレビューを例に、Good Discussion の進め方を説明します。

このように、Good Dissection と Good Discussion を組み合わせて、問題を発見する手法が、DRBFM（Design Review based on Failure Mode）、DRBTR（Design Review based on Test Result）、DRBDP（Design Review based on Difference of Products）の3つで、それぞれ Design Review という言葉がついているように、デザインレビューの進め方を示したものです[(2)]。

（4） 最初はロバストな設計が Good Design と考えた

もう一つの条件、Good Design とは何を指しているのでしょうか。もともと Good Design は「Good Dissection と Good Discussion で問題を発見するにしても、問題だらけの設計では問題は見つけきれないので、基本的に良い設計でなければならない」という意味で、Good Design という項目を設けたのです。

例えば、先行の開発と製品の開発という2段階で開発を行っている場合は、先行の開発で"素性(外乱に対する安定性、健全性、頑健性など、その後の工程でダメにならないことを総称して素性と言う言葉で表しました)"の良い設計を選び(Good Design)、それを元に製品開発を進め、Good Dissection と Good Discussion で隠れた問題を発見する、という意味で Good Design という項目を設けました。

素性の良い設計を選ぶという意味では、品質工学の Robust Design[(7)] の考え方が適切だと考えました。品質工学では、設計の安定性・ロバス

ト性を SN 比という数値を用いて評価します。これは、設計された製品が目標を満たしているかどうかという評価ではなく、設計の素性の良さを評価していると考えることができます。ですから、いくつかの設計案があるとき、どの設計案を選ぶとその後の開発がより順調に進むか、評価したいときに向いています。つまり、先行開発で素性を評価するのに向いているのです。

(5) リスクを明確にした設計を Good Design とした

　Good Discussion と Good Dissection により問題を発見するにしても、問題だらけの設計では、問題を発見しきれないから、基本的に問題の少ない設計にするために Good Design の条件がいる、と考えたのが、Good Design の始まりでした。しかし、製品開発の段階で Good Dissection と Good Discussion を進める際に、もう一つ重要な条件が必要なことに気づきました。

　問題を発見しきれるようにするには、問題がある所を限定するのが良い、といい換えることができます。問題がある可能性があることを、問題が発生するリスクがあるといいます。

　例えば信頼性工学では、リスクは問題の重大性と問題発生確率をランク（数値）で表し、それを掛け算した数値をリスクと呼びます。非常に合理的な定義ですが、重大性や発生確率を客観的数値・ランクで表すのは、結構難しく、どうしても主観的な数値になってしまう危険があります。また、客観的に問題が重大であるというのは、細部がどうかということではなく、方式とか、基本的な考えなどの既知のマクロな事象（想定品質）に目が行きがちで、実際に問題発生の引き金になる細部の事象や、潜在品質に目を向けるのは難しいという欠点があります。

　そこで、筆者は「リスクは差である」と定義しました。信頼性工学の観点では、このリスクは数値で表していませんので、リスクではなくハ

ザードだといわれるかもしれませんが、ここでは一般的な言葉の表現を重視して、「潜在問題が潜んでいる場所」という意味でリスクという言葉を使い、それは「差」であると定義しました。

　この定義の背景には、「変えなければ品質は維持される」という考えがあります。ここでいう「変えなければ」は、単に意識して「変えなければ」というだけでなく、周辺の設計が変わらなければ、使用環境・仕向地が変わらなければ、工程が変わらなければ、試験結果に変化がなければ、など、いろいろな「変わる」を考える必要があります。そこで、それらすべてを表す言葉として「差」という言葉を用いました。「差がなければ品質は維持される。品質問題は差があるところに潜んでいる」ということです。つまり、Good Design はリスク＝差を明確にした設計ということになります。

　変更した所に問題が潜んでいる可能性があるので、ここを変更したという情報は大切です。しかし、そこを見て、ゼロから問題を探すのは結構大変です。さらに、「何をベースにどこを変えたのか」がわかれば、より問題発見をしやすくなります。「変更」を説明することと、「差」を説明することは違うのです。

　設計者は、単に「ここを変えて、こんなに良い設計にしました」というだけでなく、「実績のあるどの設計に対して、どこをどのように変えたか」、すなわち差を明確にしないと、大変リスクの大きい設計をしている可能性があるのに気づかない可能性があるのです。

　よく、新しいシステムの宣伝として「ネジ1本まで新しい…」のような言葉を使いますが、これは、「ネジ1本までリスクだらけのシステム」ということになり、悪宣伝をしているようなものです。そうでなければ、前のシステムは、「ネジ1本まで、ダメなシステムだった」ということになります。ネジ1本まで新しい設計は Good Design ではないのです。

（6） どのような差に着目するのか

　差は、意図して変更したという意味の差（変更）、意図していないが変化したという意味の差（変化）、その他の差（差異）の3つに大別できると思います。これらのどれに主に注目するかで、3つの手法を作りました。しかし、この分類は「主に」ということで、その差だけに注目するわけではありません。

　3つの手法は、意図して変更したところに注目するDRBFM、変化に注目するDRBTR、2つのものを比べたときの差異に注目するDRBDPです。これらの詳しい説明は、拙著『想定外を想定する未然防止手法GD^3』[2]を御覧ください。

　差を明確にした設計というためには、いくつかの要件があります。潜在問題が潜んでいる場所を示すというためには、「比較の基になる設計に問題がないこと」が条件になります。このとき、問題がないということを、どの程度厳密に要求するかがいつも話題になります。多くの場合、問題があるところがわかっている程度でも良いでしょう。あまり厳密に捉えて、ベースになる設計を選べないよりは、多少条件を満たさなくても、ベース設計はあったほうが良いと考えてください。もう一つ大切なことは、ベース設計は一つである必要はないし、部位ごとに別のベース設計があっても良いということです。つまり、自分（設計者）が何を参考（ベース）にして設計したかということが大切なのです。

　差に着目することが、差のあるところだけに着目して効率的に問題を発見するということだけなら、ベース設計と差のあるところだけに問題がある可能性があるという要件を厳密に要求しなければなりませんが、差に着目することにはもう一つの大切な意味があります。それは、設計者の考えを正しく伝え、問題のある可能性のある場所を、具体的に明確にするということです。ここで、具体的に明確にするというのは、上記

のように場所を限定するということではなく、変更の内容（何をベースにどこをどう変えたのか）を具体的に示し、変更の考え方を具体的に議論できるようにすることで、そこから問題を発見しやすくするということです。

　設計者は、新しい設計を行うとき、いろいろなものを参考にして設計をします。Good Design とは、それらの参考にした設計との差を明確にした設計ということなのです。ただ、あれもこれも参考にした、ということをいうだけでは、Good Design ではないのです。参考にした設計と自分の設計が、細部でどのように違うのかを明確にすることが、Good Design です。設計者はある設計を参考にしたといいながら、肝心なところで、参考とした設計とまったく違う設計を気づかずにやってしまって、それが問題の引き金になることはよくあります。設計の細部の差に配慮して設計をするということが、Good Design の要件になるのです。

第6章

問題発見の場はどこにあるのか

6.1 GD³ではどのようにして問題を発見するのか

　GD³の3つの手法の基本は、DRBxx(Design Review based on xx)が示しているように、Design Reviewです。つまり、「本人が問題を発見するのではなく、他人が発見して、助けてくれる」のが基本的概念なのです。

　もちろん、本人が問題を発見してはいけないというのではありません。当然、自分の問題発見力は、自分の仕事にも活かすことができます。問題発見は新しいアイテムの発想と同じ行為だと述べたように、多くの発想法は問題発見にも使えます。発想法には、自分の発想に使う方法(個人の発想)と、チーム(集団)で行う発想法があります。自分の仕事の結果に個人で行う発想法を使って、問題を発見して、自ら修正をするということも可能です。

　しかし多くの場合、仕事の担当者本人は、目標に向かって意識を集中しています。その意識を自分で客観視して問題を見つけるという努力は

もちろん必要ですが、自分は良かれと思って実施（例えば設計）したものを、客観的に見て、自らの問題に気づくというのは、なかなか難しいものです。そこで、GD^3では、チームで問題を発見する方法を基本とします。つまりデザインレビュー（Design Review）です。デザインレビューといっても、その名のついた正式の場に限定せず、担当者本人と関係者が問題発見を目的にして話し合う場を総称して、デザインレビューと呼びます。ここでいうデザインレビューは、打合せであっても、○○会議、○○報告であっても良いのです。このような場は、基本的に問題を発見し価値に変換する場でなければならないのですが、そうなっていない現状に問題があるのです。

つまり、このような場で、上述のように問題発見を"良し"とする、担当者と関係者（参加者、レビューアー）の共通の認識がなければなりません。それが、COACH法の第3の条件「良いイメージを持って諦めない」に相当するのです。

6.2 会議の目的は何か

デザインレビューを含む、いろいろな打合せを総称して会議ということにしましょう。

例えば、部下が上司に報告をする会議、上司が部下に上位の方針などを伝達する会議、何かを決定する会議、その他、いろいろな会議が考えられます。

このような会議の目的、必須条件は何でしょうか。

例えば、部下が上司に報告する会議では、部下が報告内容を説明し、上司は「OK」というか、細部の問題を指摘し、差し戻すのが正しい会議のありかたと考え、部下はなるべく上司に指摘されないように問題は

ないことを強調して、上司に認可を得るのが正しい会議の姿だと思っている会社があります。このような会議で、どのような価値が生まれるでしょうか。

　日本の会議は決まらない会議といわれていますから、このような会議でも、決まることが決まれば、上司は正しく役割を果たしており、良い会議だと思っている人がいるのです。そこで、会議のやり方としては、決めることを最優先にした方法がいろいろ提案されています。

　決めるためには、いかに結論に早く持っていくか…、が決め手です。決めるだけなら、短時間で、立ったままでもできます。しかし、よく考えると、それなら何も、集まって会議をやる必要もなさそうです。仕事の会議では、多数決で決めることはまずありません。多くは決める人が決まっていて、その人の決断を促すのが目的になります。日本の会議が決まらないのは、決める人が決まっていなかったり、決める自覚がなかったりするところにあったのです。それが決まっていれば、会議を行う必要があるのでしょうか、自覚を促すのなら、単なる報告で良いのかもしれません。では、なぜ会議を開くのでしょうか。

　いくつかの部署が集まって、お互いの意見を調整し結論を出すには会議が必要だという意見もあるでしょう。さらに、会議に集まった人々が、会議の議論と結論を共有し、その後の行動に活かすために会議は必要という意見もあるでしょう。つまり、会議の必要性は決めることではなく（もちろん、最終的に決めることは大切ですが）調整することと、共有することだという意見です。

　会議で期待される調整とか、会議で期待される共有とは、どのようなものでしょうか。単にどちらの意見を採用するかを決める、あるいはいろいろな意見を繋がるようにするだけでは、良い調整ができたとはいえません。単に言われたことを聞いて持って帰る、いわゆる伝達では、共有できたとはいえません。

読者のみなさんはムダの定義をご存知でしょう。ムダとは価値のつかない行為です。筆者は後工程、すなわち、お客様にとって、価値のつかない行為をムダと定義しています[3]。つまり会議の場でいうなら、会議の結論に従って行動する人たち（後工程）にとって、価値が高まるような調整にならなければならないのです。提案に対して、さらに価値が高まるような議論を行うのが会議の場なのです。対立する案件なら、Win-Winの結論を引き出さなければなりません。それがこれまで述べてきた、問題を発見して、価値に変換するということなのです。

　さらに、それは情報を共有するという意味でも必要条件なのです。私達は、会議の場で、情報をやりとりしているのです。提案者（前工程）のアウトプットは情報、会議に参加している人たち（後工程）が受け取っているモノ（インプット）も情報なのです。情報は送り手（前工程）と受け手（後工程）の間で、必ず劣化します。一方、受け手は送り手の情報に価値をつけることができるのです（**図6.1**）。それが、情報の問題を発見し、価値に変換するということなのです。そうやって、情報を受け取ることが、最も正しく情報を受けることになり、それが情報を共有する、最善の方法なのです。

　つまり、会議の最も重要な必要条件は、「問題を発見して価値に変換

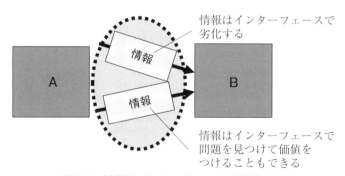

図6.1　**情報はインターフェースで劣化する**

する」こと、問題発見を会議の中心に持ってくることなのです。

それができない会議は、ムダですから、やめるべきでしょう。もっと効率的な他の方法があるはずです。必要ムダのような考えは捨てるべきです。大切なのは、会議の場で徹底的に、問題を発見して価値を高めるようにすることです。「良いイメージを持って、諦めずに」問題発見ができるように変えなければなりません。

会議が終わったときに「今の会議で、どのような問題が発見され、お客様のための価値に変換できただろうか」と振り返ることが大切です。

6.3 問題を発見し価値に変換するための会議、デザインレビュー

典型的な「問題を発見し価値に変換するための会議」、デザインレビューについて考えてみましょう。

1990年代にISO 9001の品質要件にデザインレビューという言葉があり、多くの会社は「これは何だろう」ということがきっかけで、デザインレビューに注目するようになったといえるでしょう。

そこで話題になったデザインレビューは、どちらかというと開発が正しく行われていることの管理のためのデザインレビュー（設計審査）で、「問題を発見して価値に変換する」目的はほとんどないといってよいでしょう。例えば、あるメーカーでは、1つの製品開発で7回ものデザインレビューを行うという品質システムを採用しています。徹底的にデザインレビューを行い、問題の発生を防ごうとしている姿勢は素晴らしいと思います。しかし、それぞれのデザインレビューで規定されている要件には、問題を発見してさらに良い製品にするという言葉はなく、仕事が正しく行われているかどうかをチェックするというような表現にな

っています。もちろんその背景には、正しい仕事が行われていなかったら品質問題発生の要因になるから、正しくない仕事を是正することは問題を発見することと同じだ、という考えがあるでしょう。しかし、それで防げるのは想定問題で、潜在問題には目がいかないのです。最初はともかく、やがて、（正しい仕事をやっているかどうかの）チェック、管理だけが目的になり、報告側も聞く側も、なんとかそこを通すための会議になってしまうのです。

　デザインレビューこそ、潜在問題を発見して、価値に変換する会議でなければなりません。そこで、そのような会議はどうあるべきかをDRBFMを例に考えてみます。先に述べたように、DRBFMは設計変更を議論し、問題を発見し、製品の価値を高めるためのデザインレビューです。詳しくは拙著[2]を参照してください。

　このデザインレビューで報告する側は設計者、報告を聞く側はレビューアー達（その設計に関する専門家、後工程の人々、関係者など）です。もう一つ重要な役割があります。それは司会者です。これら三者が、どのようにして問題を発見したら良いかを考えましょう。

　従来のデザインレビューでは、設計者は「新しい設計はこのような設計です」という内容を資料にまとめて説明するでしょう。レビューアーはそこから問題を発見しようとすると、レビューアーの過去の経験・記憶や、その製品に対する設計基準（チェックシート）などを元に問題を発見しようとするでしょう（図6.2）。しかし、設計の説明は「こんなに良い設計をしました」という説明ですから、問題に繋がるような情報を引き出すのはなかなか難しいでしょう。そこで、「図面を持ってこい」ということになるのです。それが発見のためのGood Dissectionの一つの条件になります。しかし、それでも絶対的に新しい設計を観察して問題に気づくには、かなりの経験と能力が必要になります。想定品質の問題防止はできるかも知れませんが、潜在品質問題を発見するには至らない

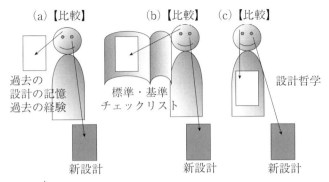

図 6.2　レビューアーはどうやって問題に気づいているのか

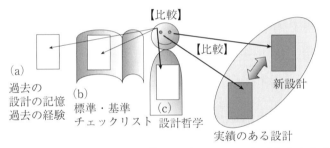

図 6.3　実績のあるものとの比較はレビューアーの気づきを高める

ことが多いのです。DRBFMでは、設計者が設計に際して、どの設計をベースにどこを変更したか(変更点一覧表)と、その変更に際して、何を心配してどのような設計をしたか(DRBFMワークシート)を仔細に説明します(Good Design)。それは、顕在問題の説明が中心になるでしょう。それで良いのです。一方、レビューアーはベース設計の図面と新設計の図面を目の前にして、その差(リスク)に着目して、設計者とレビューアーたちと「他に(潜在問題の領域に)問題はないか」という視点で議論(Good Discussion)し、問題を発見します。これが問題発見のためのデザインレビューDRBFMの要件なのです(**図6.3**)。

つまり、新しい提案の問題を発見するために、会議では、新しい提案は従来の実績とどこが違うのか、どこがリスク（差）なのかを、具体的な事実（差）で説明しなければならないということです。一方、聞く側は説明の内容ではなく、提示された事実の差を自ら観察しながら、「他にないか」と考え、議論し、具体的問題を発見するということが大切なのです。

しかし、これは発想のための3条件（COACH法）からすると、ConcentratingとObjectiveを成立させる要件で、もう一つの要件Challengingの条件を満たしているとはいえません。問題を発見する会議が良いイメージを持って行われることは、問題発見の最も大切な要件といっても過言ではないでしょう。

もともと報告者は自分の報告内容に問題はないことを願っていますし、それを他人に指摘されることは気持ちの良いことではないでしょう。ですから、日頃から問題という言葉に対する抵抗感を下げておかなければなりませんし、それをカルチャーとして共有しておかなければならないのです。

以下では、会議の場での要件を、DRBFMのレビューアーの心得として紹介します。

6.4 デザインレビューでのレビューアーの心得

日産自動車でDRBFM（クイックDR）展開の仕事を実施していたとき、「レビューアーの教育はできないだろうか」という問いかけがありました。それまで、レビューアーの問題発見能力はそれぞれの専門技術に依存するところが多いので、共通の要件を引き出すのは難しいのではないか、と筆者は考えていたのですが、実際にデザインレビューの場のビデ

オを見てみると、高い技術力を持ったレビューアーのレビューには共通の問題があることに気づきました。

　レビューアーにとって最も大切なことは、設計者のこの人に問題を発見してほしいという「信頼」を得ることです。設計者は、信頼しているレビューアーには心を開いて自分の考えたことを正直に説明し、レビューアーの指摘も素直に受け入れるでしょう。逆に信頼がなければ、どんな良い指摘でも、受け入れたくないと思うでしょう。それは、コミュニケーションのテクニックとか、場の雰囲気の作り方を超えたものです。しかし、常に接しているわけではない設計者とレビューアーの間で、心を開いた議論を行い、問題を発見し製品の価値に変換するには、レビューアーが努力しなければならない項目がいくつかあります。

　それを「レビューアーの心得」として抽出したのが、以下の10項目です。これらは、会議の場で報告を聞いて、問題を発見し報告に付加価値をつける立場の人たち、例えば、部下の報告を聞く上司、会議で報告を聞く会議メンバーなどに共通して必要な視点だと考えています。

1. もの(技術)に厳しく、人には優しく、褒めよう
2. 付加価値をつけて設計者を助けよう
3. 設計者の説明を最後まで聞こう
4. 設計者の気づきを引き出す質問をしよう
5. 設計者が考えていない領域に視点を広げよう
6. その場で決着をつける努力をしよう
7. 謙虚に振舞おう
8. お客様のためにデザインレビューしていることを最後まで忘れない
9. 結果を見て、レビューの成果を真摯に振り返ろう
10. 市場不具合から学んだことをすべて頭に入れておこう

（1） もの（技術）に厳しく、人には優しく、褒めよう

　レビューアーはデザインレビューの場で、問題を発見しようと必死になっています。そんな中で、「設計者を褒める心の余裕はない。そんなことに気を使って、問題を発見し損なったら、それこそお客様のためにならない…」という声が聞こえてきそうです。だから、デザインレビューは問題を指摘されて、怒られる場、というイメージが設計者の中に染みついて、デザインレビューの場に出るのを嫌がるようになるのです。これを打ち破る「もの（技術）に厳しく、人には優しく、褒めよう」が、デザインレビュー成功の決め手なのです。

　図6.4を御覧ください。これは設計者が上司に設計の説明をしている場面で、トヨタ時代に描いた漫画ですが、トヨタにもこのような上司はいたのです。確かに、上司は厳しく何かを指摘しているかもしれませんが、設計者を褒めているようには見えません。これではこの条件は満足しないのです。

　しかし、上司（レビューアー）は一人の技術者として、製品の問題を厳しく発見しようとしているつもりかもしれません。それを、設計者は自分の失敗を厳しく非難されている（怒られている）ととってしまっているのです。

　いくら指摘する側がそんなつもりではないといっても、受ける側の感

図6.4　こんなデザインレビューをやっていないか

情が正しいのです。問題を発見するには、設計者の考えを正直に話してもらわなければなりません。設計者はその設計に精通していますから、問題を隠そうとすれば、いくらでも隠せるのです。設計者に胸襟を開いて正直に話してもらうためには、設計者が怒られるという感情を持たないようにしなければなりません。例えば、図6.4のケースでは、レビューアーが目の前にあるモノに対して問題を指摘していることと、設計者に話していることを明確に分けなければなりません。それには、物に向かって具体的に指摘をする、誹謗的な、感情的な表現を使わないなどが必要になります。あるいは、直接指摘をするのではなく、設計者が気づくような質問をすることなども重要です。基本的にはレビューに対して、設計者の共感を得ることが大切なのです。レビュー会の最初に、

> 「今日のデザインレビューにはいくつかの目的があります。全員で設計の現状を理解し、それを、さらに良くする機会を見つけること、つまり価値をつけることで、これまで頑張ってきた設計者を助けることです。価値をつけるには、設計の問題を見つけなければなりませんが、それは設計者の問題ではないのです。あくまでも製品の問題を見つけて、設計者を助けるのが、デザインレビューの目的です。」

というようなことを述べて、設計者の共感を得ることも大切です。

さらに、具体的にレビューアーへの共感を表すには、褒めるという行為が大切になるのです。

私達が育った社会、会社の中では、褒めるということはほとんど行われてきませんでした。筆者が米国で仕事を始めたとき、最大のカルチャーショックは"褒めなければいけない"というプレッシャーでした。

アメリカの人たちは、学校教育の中で、褒めるということをごく自然に身につけています。それがアメリカのカルチャーなのです。それが良いことかどうかは、「褒めることはポジティブな態度を産み、それは望みのものを思い描き、それを引き寄せるという『引き寄せの法則』への

間違った思い込みを生んでいる」[14]という意見もありますから、やや行き過ぎの面はあるのでしょうが、褒めることの良い面も私たちは十分理解しなければなりません。頭では理解しても、体が動くようにはなかなかならず、筆者自身もまだ、褒めることを優先しない行動をとってしまうことも確かです。

　褒めるということが相手を活性化させることは確かですし、こちらが相手に敵対する気持ちを持っていないこと、共感していることを示すためにも必要であることも確かです。

　私達はデザインレビューの場で、設計の問題点を発見し製品の価値を向上させようとしています。そのためには、設計者が問題を受け入れやすい土壌を作らなければならないのです。褒めることは設計者を活性化します。褒めてもらえたことで、「やろう！」という気持ちを高めることができるのです。

　しかし、ただ褒めるだけでは、どの方向にエネルギーを発揮するかを示すことができません。それを示すのは、"問題を指摘する"という行為です。この両者をタイミングよく行うことが大切なのです。

　では、どのように褒めたら良いのでしょうか？　設計者にとっては、結果を褒められるのが一番気持ちが良いでしょう。「よくやった！　パーフェクトだ！」といってもらえれば、嬉しいのです。しかし、私達はお客様のために、設計の問題を発見して、設計の価値を高めようとしているのです。設計の結果を安易に褒めることはできません。そこで、もう一つの視点で見てみます。その視点は、プロセスです。私達は設計の話をプロセスに沿って聞いています。ですから、プロセスを褒めることはできますし、それを褒めることと、結果がどうかということは別なのです。もし設計者があなたと同じプロセスでモノを考えていたら、それを当たり前だと思わずに、すかさず褒めましょう。なぜなら、若い設計者が、あなたと同じ思考ができるということはすごいことなのです。こ

のような、当たり前のことを、当たり前といって済ませてしまうのが、褒めない人達の欠点なのです。

それでも褒める言葉が見つからないという人は、共感の気持ちを表すという意味で、「ありがとう」とか、感謝、ねぎらいの言葉をかけることから始めるとよいでしょう。

(2) 付加価値をつけて設計者を助けよう

デザインレビューの目的は、付加価値をつけて設計者を助けることです。これを会議に置き換えると、「報告者の報告に付加価値をつけて、報告者を助ける」ということになります。いろいろな会議に出席している人は、このように考えて会議に参加しているでしょうか。

デザインレビューの参加者（レビューアー）はレビューに参加するために自分の席を立つとき、「デザインレビューが終わるまでに、必ず問題を発見して、設計者を助けてあげよう」と思って席を立たなければなりません。「時間を取られて嫌だなァ」「ちょっと設計の情報を聞いてこようか」などの安易な気持ちで席を立ってはいけないのです。また、"設計者を助ける"という気持ちも忘れてはなりません。デザインレビューで問題を発見するのは、お客様のためであり、それは設計者を助けるためなのです。設計者を懲らしめたり、やり込めたり、自分の力を誇示したりするためではないのです。そして、レビューの場で問題を発見するのはレビューアーの責任なのです。もしここで問題を発見することができず、後にそれがお客様のところで問題が発生したら、それはレビューアーの責任だという気持ちが必要なのです。これが問題発見のためデザインレビュー（会議）の基本的な要件なのです。

そして、それは上述のようにただ発見するだけではなく「問題を発見して価値に変換する」ことにつながっていかなければなりません。

このレビューアーが「問題を発見するのは自分の責任だ」と思う気持

ちは、問題発見力を向上させる大切な原動力になります。ある会社で、まだ DRBFM の手法を十分理解していないレビューアーたちに、「問題を発見するのはあなた達の責任だ」といっただけで、レビューアーたちが真剣に問題を見つけようと、眼の色を変えてモノを観察し始めたのには驚かされました。

(3) 設計者の説明を最後まで聞こう

　傾聴力はコーチングの中でも重要な要件といわれています。
　レビューアーは、高い専門技術を持っていることが多いので、設計者の話をすべて聞かなくても、結論がわかってしまうことが多いのです。そのようなときに、設計者がもたもた説明していると、設計者を制して、「そんな設計はダメだ!」といってしまうのです。これは設計者と対立するきっかけになります。設計者は一所懸命説明して、理解してもらおうと努力しているのに、それを真っ向から否定することになり、共感が台無しになってしまうのです。
　設計者の話を聞くときに、レビューアーは自分ならどのように設計するのかを、常に頭に描きながら話を聞くことが大切です。設計者のストーリーとレビューアーのストーリーの間に、どこかで差が出ることがあるでしょう。その差がリスクであり、そこに問題があるかもしれません。しかし、問題ではなく、設計者のほうが正しいのかもしれませんから、そこで制止するのではなく、レビューアーはそれを記録し、説明を最後まで聞きましょう。そして、問題に気づいたら、それを先ほどの差が出たところに戻って説明をすることが大切です。
　一方、設計者の説明が最初から支離滅裂で、他のレビューアーも理解できずに閉口することもあります。このようなときでも、我慢して最後まで話を聞くべきでしょうか。そうではありません、レビューの目的は、問題を発見して、設計者を助けることです。設計者と対話しながら、設

計者の話を、他のレビューアーが理解できるように、補足して、助けなければなりません。

　もちろん、このようなことにならないように、説明のプロセスに一定の約束を決めておくことが大切です。DRBFM でワークシートを用いるのはそのためなのです。ワークシートを左から右へ説明していくと、設計者の考えが理解できるようになっています。他の会議でも、一定の様式に沿って説明する基本的プロセスが共有されていることは大切なことです。トヨタの A3 用紙を用いた問題解決の報告[15]はその点で優れているといえるでしょう。前出の『「ひらめき」の設計図』[4]に出てくる問題解決の 5 原則シートも同じような目的を持っていると考えられます。

(4)　設計者の気づきを引き出す質問をしよう

　質問力もコーチングの重要な要件です。10 箇条の中では共感力・傾聴力・質問力が重要だというところで、コーチングの技法と共通点があります。

　レビューアーは設計の問題を発見する責任があります。しかし、レビューアーが問題を指摘するより、設計者自身が気づいたほうが受け入れやすく、設計者がそれを価値に変換していく過程がうまくいくに決まっています。ですから、レビューアーが問題に気づいたら、それに設計者自身が気づくにはどうしたら良いかを考えなければなりません。そのための手段が、「質問をする」ことです。レビューアーが理解できないときに質問する際の質問の仕方も大切ですが、もう一歩進んで、レビューアーはわかっているけれど、設計者自身に気づいてもらうために質問するということです。

　この場合も、共通の思考プロセス（例えば、DRBxx のワークシートの順）に沿って順次質問をしていく、というのが良いでしょう。スタート地点は、設計者の説明とレビューアー自身の「自分ならこう考える」と

いう思考プロセスに、差が生じた所です。

　例えば、レビューアーが問題に気づいた所で、設計者がある検討を忘れているのではないかと思ったとき、「○○検討をやったのか」と聞くと、設計者は「しまった！」と思うでしょう。そこで、検討をやっていなくても「やりました」というようなことをいうことになるのです。こいつは嘘をいっていると思い、レビューアーはさらに追求することになります。どんどん、設計者とレビューアーの気持ちが開いていきます。もう一歩、前のステップから、「このようなときにはこのような検討をやる必要がありそうですが、データはありますか」という質問をしたほうが、設計者としては、受け入れやすいでしょう。さらにもう一歩前から、「このような心配はありませんか」というところから始めるのが良い場合もあるでしょう。ワークシートの項目の順に聞いていく形です。どこから質問を始めて、どのように誘導するかは、レビューアーの判断が必要です。すべてを質問で気づかせなければならないわけではありません。一回のレビューのどこで効果的な質問をするか、ということを考えるべきです。そうすれば、設計者も質問で気づかせてくれたレビューアーに対して共感するでしょう。他の指摘にも素直に従ってくれる雰囲気ができます。

（5）　設計者が考えていない領域に視点を広げよう

　デザインレビューで最も大切なレビューアーの視点です。設計者が説明した内容（ワークシートに書いてあること）に対して、間違いを発見して、指摘すること（想定問題の発見）はたやすいことです。もちろんそれを見つけなくて良いということではないのですが、そこに時間をかけてはいけません。後で問題を発見できなかったことで後悔するのは、設計者が心配しなかった（ワークシートに書いていない）問題（潜在問題の発見）です。**図1.5Ｃ**に示したように、初期の目標にない、お客様の期待

を満たしていない領域の問題を発見しなければならないのです。設計者は与えられた目標を達成すべく、努力をしてきました。ですから、その説明が**図 1.5 B** の部分に集中しても、致し方ないことです。レビューアーの発見すべき問題は**図 1.5 C** の部分にあるのですから、視点をそちらに移していかなければなりません。

それには、**図 6.5** のように、設計が気づいていない領域に議論を広げることが必要です。では、なぜワークシートが必要なのでしょうか。それは、設計者が考えていない領域を明確にするためです。思考のプロセスを共有し、そこに現れていない領域を明確にし、レビューアーの気づきを高めるために必要なのです。気づき（創造性）を発揮するために、アナロジーと視点の切り替えが大切だと述べましたが、ここでは特に、アナロジーを大切にします。つまり設計者が説明したことから、何に気づいていないかをアナロジーで広げていくのです。しかし、これで設計者が考えていない領域には気づくことができますが、そこにどのような問題が潜んでいるかは、自分でモノのリスク（差）を比較観察（Good Dissection）し、設計者・レビューアーと徹底的に議論して（Good Discus-

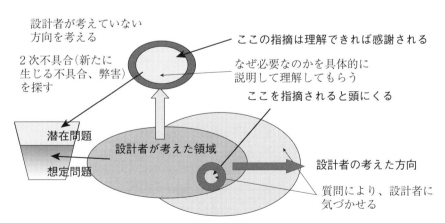

図 6.5　設計者の考えていない領域に視点を広げる

sion)自ら発見することが必要です。

　キーワードは「他にないか」です。他にないかといっても、レビューアーが「他にないか」と聞いてはいけません。他にないかという視点で、問題を探して、具体的な「他」を示さなければなりません。しかも、具体的な「他」の先に、具体的な問題を指摘できなければなりません。ただ設計者が考えていない領域を指摘して、心配だというだけなら、だれでもできます。そこにこういう問題があると指摘できて、初めて設計者も納得するのです。

　自分がすでに考えた領域のちょっとした不備に対して、重箱の隅をつつくように、反論できない指摘を浴びせられるのは、設計者は嫌なものです。それは、設計に関する指摘であっても、自分の不備を指摘され、非難されたと思うでしょう。しかし、自分の考えていない領域に重要な問題が潜んでいることを、具体的に示してもらえれば、素直に感謝することができるでしょう。

　この「他にないか」という視点は、発想のために大変重要な視点で、他人の意見を聞いて、それに付加価値をつけて助ける場合の基本的な視点です。ある領域に集中している視点を変えて客観視させるもので、いろいろな会議や打合せの場面で重要になります。

(6)　その場で決着をつける努力をしよう

　(5)で述べたように、心配をしてたくさんの宿題を与えるだけなら、だれでもできます。そのようなレビューを設計者は嫌がるでしょう。しかし、指摘と同時にその対策方法(価値に変換する方法)も示してもらえれば、感謝できます。

　そのためには、レビューアーは問題発見と同時に対策法も具体的に示さなければなりません。もちろん、設計の準備が不十分で、具体的な対策を示すことができないこともあるでしょう。そのような場合でも、対

策を見出すための指針は具体的に示さなければなりません。

"その場で決着"は努力目標であり、「レビューアーはそうする気持ちを常に持っていなければならない」ということです。安易にあれもこれも調べる、という宿題を大量に出してはいけません。宿題を出しても、設計が何も変わらず、何も価値が向上しなかったら、それはお客様のためにはならないムダな行為です。一方、その場で決着をつけようとするあまり、一つの議論に時間をかけ過ぎることも問題です。対策立案の指針を具体的に与えることが大切です。

(7) 謙虚に振舞おう

レビューアーはその専門領域のベテランであることが多く、レビューアー相手というだけで、言いたいことも言えなくなる人もいるでしょう。問題発見のための技術の議論は対等に行われなければなりません。そのための場作りに、レビューアーも配慮しなければなりません。ただでさえレビューアーは威圧感を与えているのですから、意識して謙虚に振る舞わなければなりません。怒鳴ったり、机を叩いたりしないのはもちろんですが、反り返ったり、腕組みをして話を聞くなど、ついついやってしまう行為も、相手に威圧感を与えていないか配慮しなければなりません。

レビューアーはいろいろな経験や知識を持っていますから、自分の指摘を理解してもらうために(?)、経験を披瀝したくなることがあります。もちろん、それによって理解が深まればよいのですが、単にレビューアーの自己満足に終わってしまっては意味がありません。TPOをよく考えて、どうするかを考えるべきです。

とにかく、「謙虚に振舞おう」と常に考えておくことが重要です。

(8) お客様のためにデザインレビューしていることを最後まで忘れない

　デザインレビューで議論していると、どうしても設計者対レビューアーという対立構造ができてしまい、お客様を忘れて「問題だ！」「問題ない！」の言い合いになってしまいます。お互いに、自分の立場しか考えない議論の応酬になってしまうのです。

　私達は何のために設計をし、何のために問題を発見しようとしているかというと、それは、お客様の期待から乖離している問題を発見し、お客様にとっての製品の価値を向上させるためなのです（図 1.5 C）。お客様を忘れた議論は、ムダといわざるを得ません。

　デザインレビューの中でも、「お客様」という言葉を常に使うように心がけ、お客様を忘れないように気をつけなければなりません。それは、レビューアーと設計者が、"お客様のために"という観点で共感する意味でも大切なことです。

(9) 結果を見て、レビューの成果を真摯に振り返ろう

　問題を発見するということは、人の創造性を発揮することですから、確実に発見できるという保証はありません。また、そのプロセスも人によって違うところもあります。ですから、問題発見力を高めるには、毎回のレビューを真摯に振り返ることが大切です。その視点は「なぜ問題を発見できなかったか」です。

　幸い、DRBxx のワークシートには、デザインレビューの場でどのように議論したかが、正確に残っています。例えば後の工程（DRBFM の場合、のちの実験、製造準備、製造の工程および市場）で問題が明らかになったとき、DRBxx のワークシートに、それがどのように発見されるべきだったか追記して、なぜそれがレビューの場で発見できなかった

のかを、具体的に振り返ることができます。このとき大切なことは、問題に気づかなかったことに対して、安易に管理で問題に気づかせるような対策（例えばチェックシートをつくるとか、帳票を増やして、抜けないようにするなど）を立てないことです。このようにすると、発見力はどんどん低下してしまいます。

「問題発見」を仕事の中心に持ってくるということは、「振り返り」を常に行うことによって定着し、向上するのです。振り返りをしない、嫌がるカルチャーの中では、問題発見（未然防止）は根づかないといっても過言ではありません。振り返りについては第9章で、もう一度詳しく述べます。

（10） 市場不具合から学んだことをすべて頭に入れておこう

私達はお客様のために仕事をしています。例えば、筆者が「カーメーカーのノウハウはなにか」と聞かれたら、即座に「お客様が車をどのように使うかを知っていることです」と答えるでしょう。お客様の期待を知っている、知ることを常に考えている、ということになります。仕事の中ではこのノウハウを十分に発揮することが大切です。では、このノウハウをどこで獲得するかというと、それは、市場不具合から学ぶのが一番のチャンスです。このチャンスを有効に使うことは、第9章で詳しく述べますが、それを、レビューアーは常に頭に入れておかなければならないというのが、最後の項目です。

図6.6に示したように、デザインレビューでは設計者が示す製品の形と技術の視点からの故障モードとお客様が製品をどのように使うかという視点の3つを常に組み合わせながら問題を発見し、価値に変換するための議論をしなければなりません。しかし、多くの場合、設計者が示したモノ（図面、試作品など）と、レビューアーの得意な技術（故障モード）の視点とを組み合わせる議論に陥りがちで、お客様の使い方の視点が抜

90   第6章　問題発見の場はどこにあるのか

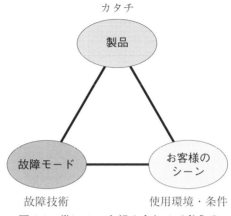

図 6.6　常に 3 つを組み合わせて考える

けてしまうことが多々あります。これを防ぐには、この図をしっかり頭に入れておくことと、お客様の使い方の基になる、市場不具合から学んだことを、しっかり頭に入れておくことが大切です。

　以上が、レビューアーにとって必要な 10 箇条ですが、10 箇条を覚えればそのとおりにできるというわけではないので、1 項目ずつ、実際のレビューの場で、意識して挑戦してみて、それを振り返り、マスターしていくことをおすすめします。
　そして、この心得は、部下の報告を聞く上司や、サプライヤーの報告を聞く OEM のエンジニア、つまり発見力を仕事で発揮する人にとって、必要な心得なのです。背景にある一番大切なことは、お互いの間に「信頼」があるということです。また、技術者にとって、固有の技術と同時にこの心得は習得していなければならない要件なのです。

6.5 デザインレビューの場での司会者の心得

　もう一つ、デザインレビューの場で大切な役割が、司会者です。そこで、司会者についても10箇条を作ってみました。この内容は、一般的な会議でも使えます。

　司会者のための10箇条は以下のとおりです。

1. 時間内に活発な議論を引き出す
2. 設計者が考えていなかったことに議論を導く
3. リスクを明確にし、レビューアーの理解を助ける
4. 設計者の言い訳や感情的発言を戒める
5. 全員の気づきを引き出す
6. レビューアーの細かすぎる議論を制する
7. レビューアーがものに目を向けるよう導く
8. 集中と弛緩をバランスさせる
9. 結論を引き出す
10. 結論を復唱し、確認する

(1) 時間内に活発な議論を引き出す

　司会者は、設計者とレビューアーの間に立って、レビューの場で、その目的の「問題を発見し、価値に変換する」ための議論が、効率的に、しかも十分に行われることに責任を持ちます。そのためには、全体の時間配分を決め、その枠内で議論が活発に行えるようリードしなければなりません。

　例えば、DRBFMでは全体を2時間(120分)とした場合、全体説明10分、変更点一覧表説明20分、DRBFM実施80分、まとめ10分程度

の配分にすることが望ましいと思います。内容が時間内に議論できないと感じた場合は、事前に議論をいくつかに分割しておくことが必要です。時間配分だけでなく、議論が活発にできるかどうかも、司会者の責任です。

(2) 設計者が考えていなかったことに議論を導く

デザインレビューの場で発見しなければならないのは、図1.5Cの潜在問題です。しかし、設計者はBの部分の説明をします。レビューアーもついその内容を議論しようとします。それでは、発見が起きないのです。

設計者の説明の範囲で議論が終始しないように、レビューアー達の目を"他"（設計が考えていないところ）に誘導するのも司会者の役割です。

「DRBFMはワークシートを議論するのではない」ということを忘れてはいけません。司会者自身も具体的に他を考えましょう

- 他に、変更点はないか
- 他に、変更により問題になる機能はないか
- 他に、変更により問題になる心配点はないか
- 他に、他のシステムに与える影響はないか
- 他に、心配点の原因はないか
- 他に、お客様に迷惑をかける心配はないか

などを常に頭のなかでめぐらせましょう。

(3) リスクを明確にし、レビューアーの理解を助ける

DRBxxでは、リスク（差）をベースに議論を進めることが基本的要件です。差とは、例えばDRBFMでは、ベース設計と新設計の差です。この差について設計者がわかりにくい説明をした場合は、レビューアー達が理解できるようにサポートするのも司会者の役割です。さらに、リ

スク以外の項目でも、設計者の説明が十分レビューアーに理解されるように配慮して、設計者を助けなければなりません。事前に設計者の準備（ワークシート）を確認することも重要です。レビューアーも「自分ならこのように説明する」というストーリーを持って設計者の説明を聞き、差ができたら、そこでサポートしましょう。

(4) 設計者の言い訳や感情的発言を戒める

設計者は自分の設計が問題ないことを心のどこかで期待していますから、レビューアーに問題を指摘されたとき、言い訳をしたり、感情的になったりすることがあります。それをレビューアーが戒めると、ますます対立が深まります。そこで、司会者のこの役割が重要になります。司会者がそれを諫めるのが良いと思います。そのときに設計者を叱ったり、非難したりしてはいけません。「…しましょう」など促すようにいうのが良いでしょう。

あくまでも、冷静に議論が進むように話しましょう。設計者が、感情的になる原因を作ったのはレビューアーの指摘の仕方かもしれませんから、必要があれば、レビューアーに対しても、アクションすることが大切です。

(5) 全員の気づきを引き出す

一般に、レビューの場では特定のレビューアーと設計者の一対一のやり取りになってしまう傾向があります。

設計者と特定のレビューアーとの一対一の議論に終始しないように、レビューアー同士の議論を引き出し、参加者全員の気づきを引き出すように配慮しましょう。

他のレビューアーが一方的に聞き役になってしまわないように、指名して意見を求めるようにしましょう。一対一の議論にならないように、

1つの議論が終わりかけたら、他のレビューアーに意見を求めて、その議論を広げることも効果的です。

(6) レビューアーの細かすぎる議論を制する

エキスパートが必要以上に自分の専門領域の細かい話に入り込み、価値が生まれないと見たら、エキスパートを制しなければなりません。

レビューアーは自分の専門領域で議論したいと思うので、設計がおおむね正しいと思っていても、細かいところに入っていき、何か問題を探そうとする傾向があります。もちろん、問題は細部に宿るという観点では、具体的な細部の議論は必要ですが、事実を離れて必要以上に細かい議論するのは意味がありません。これを制することができるのは司会者だけです。

多くの場合、レビューアーは司会者より上位の役職であったり、年齢が上です。そのような場で、レビューアーを制するのは、勇気がいることです。しかし、それが司会者の役割ですから、思い切って実行してください。それができるようになるには、それが司会者の役割であることを、全員が共有していなければなりません。多くの会議で、そのようなことが普通にできるカルチャーが必要です。

(7) レビューアーがものに目を向けるよう導く

「DRBxx はワークシートを議論する場ではない」とわかっていても、設計者がワークシートの説明を始めると、レビューアーはそれに対して議論をしようとしてしまいます。レビューアーがモノを外れて議論に入り込んだとき、モノ（図面、実物）に眼を向けるよう促すのも、司会者の役割です。

DRBxx はもの（図面、実物）の差を見て、問題を発見するデザインレビューであることを、一瞬も忘れてはなりません。

(8) 集中と弛緩をバランスさせる

　DRBxx は問題を発見するためのデザインレビューです。発見のためには、集中（Concentrating）と弛緩（客観視、Objective）を両立させる必要があります。場の雰囲気を客観的に見て、これらがうまく両立するように仕向けるのは、司会者の役割です。

　議論が細かい点に集中しすぎているときは、視点の変更を促し、議論が散漫になりすぎているときは集中するように促しましょう。

(9) 結論を引き出す

　レビューアーが単なる質問や変更と関係のない心配を乱発し始めたら、それを制しましょう。レビューアーの意見が単なる質問なのか、問題の指摘なのかを明確に聞いて、結論は何かを引き出すようにしましょう。逆に、レビューアーがいきなり結論（問題）だけ述べた場合、レビューアーもワークシート左半分の流れに従って問題点を示すよう促しましょう。

　レビューアーが問題の指摘だけで終わろうとした場合は、どのようにして価値に変換したら良いか、設計・試験・製造をどのように変えるべきかをレビューアーに聞き、結論を引き出すようにしましょう。

　引き出した結論は必ず、その思考プロセス（ワークシートの各項）と一緒にワークシートに記入します（記録担当者を決めておくことが必要）。その場で結論が出ないものは、いつまでに誰が結論を出すのか、ワークシートに従って決めなければなりません。あとで、ワークシートに記入して形を整えてはいけません。

(10) 結論を復唱し、確認する

　議論の進行の中で、それぞれ結論を引き出し、結論を復唱し、確認する（記録担当者に記録させる）ことが必要です。

DRBxxの最後にも、今日の結論（ワークシートの右半分）を復唱し、全員で共有しましょう。

　DRBxxはデザインレビューです。デザインレビューの目的は、問題を発見し価値に変換することです。そこでの司会者の評価は、DRBxxでどれだけ問題を発見し、製品の価値を高めることができたかで決まります。

　デザインレビューは管理を行う場ではありません。したがってDRBxxワークシートも管理帳票ではありません。レビューの後で、ワークシートを整えて、いかにもデザインレビューがうまくいったように装ったり、設計が問題ないように見せかけても何の意味もありません。

　司会者の役割は、デザインレビューの場をもり立てて、全員が問題発見に熱狂できるようにすることです。

　最後に設計者から「ありがとう」といってもらえれば大成功です。

6.6　他の会議でも同じことがいえるのか

　ここまで述べたように、会議の目的は「問題を発見して価値に変換する」ことと、後工程の人々と情報を「共有」することです。そして、問題を発見するということは、その両者に資することもわかりました。その点から考えると、どの会議もデザインレビューと変わらないように思います。しかし、決めるという目的を外してしまうのも、問題がありそうに思うでしょう。デザインレビューで決めなければならないことは、1項目ごとの細部の結論で、全体の実施・非実施はその場で決める必要がありません。しかし、他の会議では、全体に対しての結論を出すことを期待されていることがあります。例えば、ゲートレビューで、次のス

テップに移行するかどうかを、ゲートキーパーが判断するような場合です。そのような会議が必要かどうかは別の議論がありますが、それらの会議を実施する場合について、考えてみたいと思います。

このような会議でも、問題が発見されて、価値を高めることができなければムダですから、デザインレビューのようなプロセスが必要になります。一方、毎回問題が発見されて、何度も差し戻されたのでは、混乱を起こすわけですから、この両者(ゲートレビューとデザインレビュー)は同時にはできないのです。つまり、多くの決定する会議と価値を高める会議は同時には成立しない(矛盾する)場合が多いのです。このような矛盾を解消するには、時間を変えるというのが、一つの手法です。つまり、問題発見のための会議を先にやっておいて、価値を高めておいて、何日か後に、決定のための会議を行うという方法です。

DRBFMのデザインレビューとゲートレビューの関係もそのようにしている会社が多いと思います。問題を発見して価値を高めることに時間を要しない場合は、同時に行って、時間をずらすことで、両立させることができます。GEのワークアウト[16]とか、日産自動車のV-up会議[17]なども、このような手法をとっている例といえるでしょう。そのような工夫をすれば、従来の会議でも、参加したメンバーが問題を発見して、価値を高める(集団発想)という、会議本来の目的は十分発揮できると思います。

第7章

問題解決に「発見力」を使う

7.1 問題発見と問題解決は一連のプロセス

　これまでの章で、「発見力」をどのような場で、どのように発揮するかについて、基本的な考え方を示しました。以下の章で、一つの仕事を例に、「発見力」を具体的に発揮する方法を考えたいと思います。その仕事は、お客様のところで起きた問題の解決です。「発見力」を発揮する対象は、お客様の期待に応えるためです。その最も直接的な場は、お客様のところで起きた問題を解決する場です。そこには、それ以外の仕事の中で、お客様の期待に答える知恵が含まれています。問題解決のステップの中から、必要な考え方や手法を抜き出して、いろいろな場で、応用していただければ幸いです。

　発見力を活かす問題解決手法を、GD^3 問題解決プロセスと名づけました。今までの未然防止で使う発見力と、問題解決のプロセスで使う発見力を比較して図示すると、**図 7.1** のようになります。もともと、問題発見―問題解決―再発防止は一つのプロセスと考えられます。問題発見（潜在問題の問題の顕在化）をどのタイミングで行うかによって、未然防

100　第7章　問題解決に「発見力」を使う

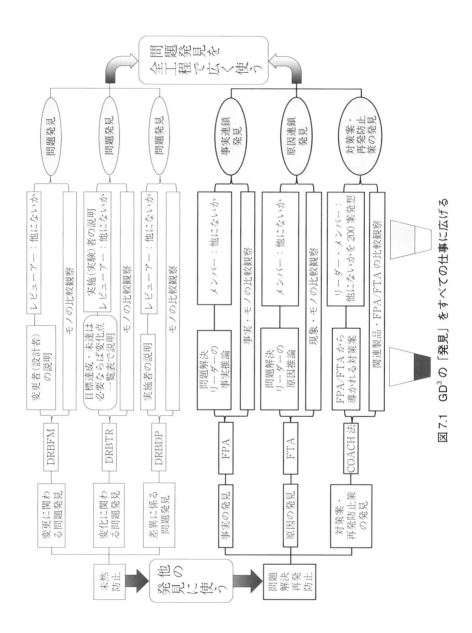

図7.1　GD³の「発見」をすべての仕事に広げる

止と呼ばれたり、問題解決と呼ばれたりしているだけなのです。問題発見から始まる広義の問題解決のプロセスを考えれば、未然防止も問題解決も一つのプロセスと考えられ、そこではいろいろな形で発見力を発揮できるのです。このようにして、GD^{3}問題解決プロセスを構築しました。

図 7.2 のように、市場問題の解決を、製造の工程、開発の工程と遡って並べてみると、結局、どこで問題を発見して解決するか、発見のタイミングが非常に重要であることがわかります。どこで発見するにしても、「そのようなことが起きるとは思っていない」ことに目を向けて、問題を発見し、関連の事実を発見し、原因を発見し、対策方法を発見し、再発防止法を発見する、というプロセスをたどることになります。問題発見に続くいずれのステップでも、「そのようなことが起きているとは思わなかった」という事実、「そのようなことが原因になっているとは思わなかった」という原因、「そのようなことで対策できるとは思わなかった」という対策案、「そのような効果的な方法があるとは思わなかった」という再発防止策を発見するのが、仕事の中心に「発見を持ってくる」意味です。単に、常識的な事実の探索、原因の探索、対策の立案、再発防止策の立案を行うプロセスではないのです。

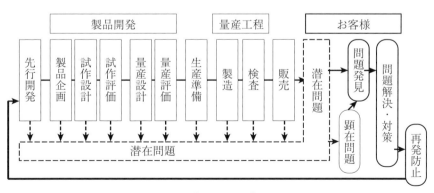

図 7.2　問題解決のプロセスはどこから始まるか？

7.2 GD³ 問題解決プロセス

　GD³ 問題解決プロセスは、下記のような9段階のステップで表されます。

0. 問題の発見
1. 事実の発見（現状の把握、現品調査）
2. 暫定対策の実施
3. 原因の発見（原因解析）
4. 調査・再現試験
5. 対策案の発見（対策の立案）
6. 実行（対策の実施）
7. 市場での効果確認と問題解決の振り返り
8. 再発防止策の発見（横展と再発防止）

　一般の問題解決のプロセスは、5段階から8段階のステップで示されています。多くの場合、「問題の定義」のような言葉で最初のステップが示されます。しかし、GD³ 問題解決プロセスの最初のプロセスは"問題の発見"です。人は問題を解決しなければならない立場に立たされてから、どうやって問題解決をしたら良いかと考えます。そこにはもう解決しなければならない問題があるのですから、問題発見は、一般の問題解決プロセスに含まれないのです。

　問題発見をテーマにした本もいくらかありますが、それらも問題の中から、解決しなければならない課題を見つけ出す、あるいは絞り込むということ（例えばパレートの考え）を述べており、純粋に「そんなことが起きるとは思わなかった」ような問題の発見方法を述べているわけではありません。

　しかし、自ら問題を発見するという行為は、その後の問題解決をどこ

まで主体的に、効率的に行えるかという面でも、非常に大きな影響を持っており、問題解決のプロセスを考えるうえで欠かすことのできないステップです。そういう意味で、最初のステップを問題発見としました。現実には、解決すべき問題を与えられたところから問題解決を始めざるを得ないこともあるのですから、問題発見は問題解決の第0ステップと位置づけました。

第1ステップ以降は通常の問題解決のステップと同様ですが、主要なステップを発見という視点で考えたことと、第3ステップに暫定対策を明確に位置づけたことが特徴です。以下、各ステップを順を追って説明していきます。

第8章

問題の発見

8.1 どこで問題を発見するか

　問題発見を考える場合、大きく潜在問題の発見と顕在問題の発見に分けて考えるのが良いでしょう。顕在問題は、すでに顕在化しているのですから、発見には当たらないのではないかという意見もあるでしょう。私達が今議論しているのは問題解決という行為・行動です。すでに問題が起きているのは知っているけれど、行動を起こしていない、起こす気もない状態では、行動に結びついていないので、発見している（気づいている）とはいえないのです。それを行動に結びつけるために"顕在問題の発見"が必要になるのです。

　図7.2に示したように、問題が顕在化する前に、私達はいろいろなプロセスを設けて、その製品を作り上げています。それらのプロセスで、製品を作り上げる（想定品質を作り込む）と同時に、製品に問題（潜在品質問題）を入れ込んでいるといえます。お客様のところでそれが顕在化されるまでは、潜在問題なのです。潜在問題のうちにそれを発見して、顕在化しないように処置するのが未然防止です。問題発見を考える場合

は、そこから話を始めなければなりません。

8.2 潜在問題の発見

(1) 先行開発プロセスでの潜在問題の発見

　量産の製造業では、一般に、先行開発⇒製品開発⇒生産準備⇒製造という工程で製品を開発・製造しています。これらの工程で、どのようにして問題発見をしているのでしょうか。

　まず、先行開発での問題発見を考えてみましょう。ここで先行開発と呼ぶのは、具体的製品（システム）をイメージした製品開発に先行して、サブシステムを選定したり、開発したりするプロセスをいいます。研究開発と呼ぶこともあります。

　先行開発のプロセスでは、製品開発のプロセスのように、設計の細部に潜む問題を発見するより、開発している方式が適切かどうかを判断するほうが大切です。つまり、選んだ方式の「素性」が良いかどうかの判断が最も大切になります。しかし、私達は素性を評価することに慣れていないので、とりあえず製品開発で用いる評価方法を当てはめてみます。その結果は完成度を表していて、素性を表してはいないのですが、評価結果が悪いといって、せっかくのアイディアを潰してしまうこともあります。

　素性とは何でしょうか。それは、「今、達成しようとしている性能をどれだけ安定的に達成することができるか」と考えられます。素性が良いというのは、「得られる性能に対して、その性能が広い範囲で、外乱に対して安定的に得られる」と定義すると、拙著『想定外を想定する未然防止手法 GD[3]』で説明している、「どうやったらダメになるか」を知

ることが大切になります。

　つまり、Good Designの「どうやったらだめになるか」を知るということは素性が良い設計をするということに繋がるのです。

　図8.1を御覧ください。この図は、ある製品の性能（縦軸）の変化を、あるパラメータ（横軸）に対して示したものです。A（現在の量産）という方式とB（新しく開発）という方式を比較してみると、新方式Bはある領域で、高い性能を示していますが、現在の方式に比べて優れている領域は非常に狭いという特徴が見えます。先行開発に携わる人々は、狙った性能が高いBの方式が優れているといって、Bを採用するように、製品設計者に推薦します。ところが、それを受け取った製品設計者は、Bが優れている領域が非常に狭いということに、製品開発プロセスに入ってから気づき、悩まされ、結局この方式（B）を放棄せざるをえないことになるのです。

　「どうやったらダメになるか」に目を向けるというのは、急激に性能

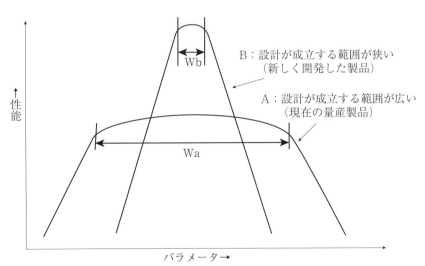

図8.1　素性の良い設計とは

が低下するポイントの幅(図 8.1 Wa と Wb)に目を向けよう、ということです。

このように考えると、世の中で素性を評価する有力な手法があります。それは品質工学、いわゆるタグチメソッド[7]です。品質工学は細部の問題を発見してくれるわけではありませんが、先行開発で、A と B のどちらの方式を選ぶのが適切かという場合に、ロバストという概念で、このような素性に対して答えを与えてくれます。

タグチメソッドの2段階設計は、ばらつき、変化、性能の交互作用などを含めて、SN 比というパラメータを用いて統一的に素性が評価できるようにした優れた手法です。

素性評価の第1ステップとしては、図 8.1 のように「どうやったらダメになるか」を、いろいろな側面で、個別に比較することによって、素性を評価することもできます。大切なことは、狙った性能のピークだけを比較して判断をしてはならない、ということです。

このように先行開発では、開発した手法の素性を評価することが大切で、そのための手法を持っていることが何よりも重要です。

(2) 製品開発プロセスでの問題発見

先行開発から製品開発に設計を受け渡すときに、今までの製品に比べて、新しいシステムのロバスト性はどのように変化したのかを伝えることが大切です。それは SN 比のような一つのパラメータの変化だけではなく、それぞれのパラメータに対してロバスト性(どうやったらダメになるか)がどのように変化したかを伝えることも大切です。

もう一つは、ロバスト性の変化に対してどのような設計をするべきかという提案も大切です。これらを議論するためには、ロバスト性の評価結果を試験結果に置き換えれば、DRBTR[1][2]の議論を使うことができます(図 8.2)。これで、先行開発部署(前工程)とそれを受けて開発を進

8.2 潜在問題の発見

No.	システム／部品／部位	他システム／部品／部位との差	ロバスト性の変化	以前の試験結果との差	この変化から推測される問題とその理由	お客様への影響	どのような対策をするべきか(提案)
	A/P	A/P	A/P	A/P	A/P	A/P	A/P

上からの続き
↓

製品設計への反映事項			製品評価への反映事項			製造への反映事項			フォロー
内容	担当	期限	内容	担当	期限	内容	担当	期限	
P			P			P			F

A：先行開発部署／構想設計者　P：製品設計部署／レビューアー

図 8.2　先行開発結果の受け渡し、構想設計段階での DRBTR

める製品開発部署(後工程)の間で、素性の弱点を伝えることができ、製品開発部署での設計方針を立てることができるのです。

　先行開発がある場合はこのように進めますが、先行開発がなく、いきなり製品開発に入る場合もあります。この場合、DR なしに細部設計完了時点で DRBFM を迎えるのには不安があります。そこで、構想段階の問題発見が必要になります。この段階でも DRBFM を実施しようとすると、この DRBFM と詳細設計完了の DRBFM を区別するのは結構難しいのです。議論をしているうちにどうしても細部の設計の議論になってしまい、後で行う詳細設計の議論とダブってしまうのです。

　そこで、先行設計がなくても、先行設計の立場で製品設計の設計者が上記 DRBTR を行い、レビューアーが素性の問題発見に徹するように仕向け、設計方針を立てることを勧めます。

　細部の問題発見という意味では、詳細設計の問題を見つける DRBFM で始まり、試験結果から問題発見を行う DRBTR が問題発見の場になります。これらの手法の詳細については拙著[2]を参照してください。その他の既存の手法も、問題発見ということを前面に出して実施すれば、問題発見効果は高まるでしょう。例えば、QFD(品質機能展開)も、前工程と後工程が QFD ワークシートを議論するのではなく、ワークシートに従って、前工程のアウトプット(例えば、設計図)を Good Dissection と Good Discussion をしながら問題を発見するなら、問題発見手法として十分使えると思います。

　試験でいえば、もともと市場で発生する可能性のある問題を、試験結果として顕在化させることによって、(対応すべきかどうかを判断するのではなく、どうやったら対応できるかを考え)早期に対応することが狙いでした。しかし、試験が、次のステップに行ってよいと判定する、単なるゲートになってしまっている例をよく見かけます(図 8.3)。試験を「潜在問題を顕在化させる(問題発見)手段」と考え、早期に問題発見

8.2 潜在問題の発見

【設計者】　　　　　　【試験担当者】
図 8.3　試験部署は関所役人か

をする手段にすれば、お客様のところで発生する問題を未然に防止することができるのです。潜在問題を発見するのが DRBTR で、試験の失敗を発見するのが DRBTR ではありません。

(3)　生産準備工程での問題発見

　ここまでの議論は、生産準備工程にもそのまま使うことができます。生産準備工程の先行開発や構想段階では、「どうやったらだめになるか…」を DRBTR を使って議論します。細部工程設計の問題発見には DRBFM／DRBTR を使うことができるのです。工程の細部(機械の設定条件の変更など)にまで踏み込んで、実績のある工程(ベース工程)と比較し、差に着目して、問題を発見します。最近、工程変更に対して、DRBFM を行う会社が増えてきました。このとき、DRBFM で比較する工程の図面(情報)は何かを決めることが大切です。変更の細部が比較できる情報を提供することが大切です。

　さらに、量産試作品と量産品を比較して DRBDP を行うことにより、

量産前工程での最後の問題発見を行うことができます。

　通常、量産初品に対しては、詳細な観察が行われています。しかし、これもゲートを通すための観察になっています。要求条件を満足しているとか、図面に合っている程度でOKとし、モノ（事実）を比較し細部の問題を発見しようとする観察はあまり行われていません。なぜかというと、この時期に問題を発見しても、混乱させるだけだと思っているからです。では、この時期には問題が発見できないほど品質問題の芽がなくなっているのかというと、そんなことはないのです。問題があったとしても、その原因は前工程にあるのだから自分たちの責任ではないといって、目をつぶっているだけなのです。実はここで問題が発見されることは非常に多いのです。

　この工程で、問題を発見するには、例えば量産初品について、量産試作品と部品ごとに細部を比較し、差をリスクと考え、Good Discussion と Good Dissection により問題を発見するのが良いでしょう。それが DRBDP です。一部の会社では、これも DRBFM と呼んで実行していますが、呼び名はともかく、実行することが大切です。

（4）　量産工程での問題発見

　生産が始まってからは、どのようにして問題を発見しているでしょうか。生産が始まってからの問題発見は、お客様との競争になります。生産工程の変動を検査によってつかみ、それを工程にフィードバックすることは当然やっているでしょう。それ以外に、どのようなことを実施しているでしょうか？

　一般的に、工程での検査は製品がある目標値を満足していることを保証するもので、製品の(潜在)問題発見のために行っているわけではありません。検査の条件を満足していても、市場での問題は発生します。問題が起きてから振り返ってみると、その徴候を工程でつかむのは不可能

ではなかった、というような問題があります。その典型的な例は、「製品をよく見ていれば、変化があったということに気づいたはずだ」というものです。もちろん、目視の検査はやっています。しかし、入ってきた製品を単独に見ていたのでは気がつきません。そこで、標準的なサンプルを作って、それとの比較はするでしょう。それは基準（目標）との比較です。潜在問題を発見するために変化（リスク）を見ているわけではありません。時系列で比較すると、ロットごとの差がはっきりするというものもあるでしょう。また、組み立てられて出入庫した製品を見ても気づかなかったが、分解してみれば一目瞭然だったというものもあるでしょう。このような問題を振り返るとき、「正しい仕事をやっていたか」だけでなく、「どうやったら問題を発見できたか」という視点で振り返りを行わなければなりません。「正しい仕事をやっていたかどうか」の振り返りは、責任の所在を明確にするかもしれませんが、問題発見には役立ちません。どうやったら発見できたかを振り返ることにより、市場問題発生よりも早く問題を発見するアイディアが生まれるのです。例えば、検査結果が、合否だけでなく、数値で表されていれば、その差にDRBDPを適用することにより、問題の発見に導くことができます。

(5) 量産品試験での問題発見

目視の比較だけでは発見しにくい問題もあるでしょう。このような場合、試験が必要になります。現在の工程でも、ロットごとの耐久試験などは実施されています。しかし、ほとんどの場合、これらの試験は、所定の条件を満足していれば、そこで打ち切られます。これも検査同様、条件を満足していることを示すためのもので、問題を発見するためのものではない証拠です。問題を発見するには、結果を比較することにより何らかの変化（差＝リスク）が読み取れるものでなければなりません。つまり Test to Failure（結果が何らかの変化を示す、供試品に何らかの変

化が現れる試験)でなければなりません。今、生産工程で行われている耐久試験は、ほとんどある基準を満足すればそこで打ち切られる試験(Test not to Failure)なのです。

　耐久試験を行うなら、必ず、変化が出る(例えば破損する)ものでなければなりません。そのうえで、その製品の耐久性に影響する主な因子(温度、湿度、振動など)に対して、どの耐性が変化しても試験結果に変化が出るような条件を組んでおくのです。そうすれば、製品の何かが変化すれば結果のデータに現れるはずです。もちろん、変化はリスクであり、即問題を表しているわけではありません。そこでDRBTRを行うことにより、その背景にある問題を検出するのです。

(6)　フリート試験を行う

　一方、上記のように、開発に携わった人たちは、量産工程に入ってからでも、本当に設計が良かったのかということを常に注視して、お客様より先に問題を発見し、対処する努力を怠ってはいけません。そのために、いろいろな機会を捉えて、リスク(差)を明確にする努力をすべきです。

　フリート試験は、特定のお客様に製品を提供し、使用した際に気づいた情報を報告していただく、お客様より先に市場問題を発見するための手法です。欧米の自動車業界では、市場のクレーム情報を迅速にフィードバックするのが難しいということもあり、かなり大規模なフリート試験が行われています。日本の場合、市場に製品を提供すると、かなり迅速に正確なお客様の情報が返ってくることもあり、一部のモニター試験を除き、欧米ほど組織的なフリート試験は行わないことが多いようです。確かに、市場に提供された製品の数に比べ、フリート試験ができる数は限られているので、フリート試験で出る問題とお客様のところで出る問題を同じレベルで考えれば、お客様からのクレーム情報のほうが速く確

実です。しかし、フリート試験のほうが、問題の背景情報（周辺の事実）は、より確実に得られます。フリート試験の問題発見力を上げれば、お客様より早く問題を発見できる可能性があります。問題の兆候（変化＝リスク）をお客様がまだ気づかないような段階で捉え、問題を発見することができれば、フリート試験はより有効になるといえるでしょう。

　フリート試験は、問題の兆候（変化＝リスク）をどれだけ仔細に調査するかによって、その価値が決まるといえます。そして、捕まえた変化に対してDRBTRを確実に実施して、問題を発見し、対策を実施するのが重要です。せっかく問題の兆候を見つけたにもかかわらず、「心配はあるが、市場の様子を見る」というような結論ばかりでは、高い費用を払ってフリート試験を行う意味はありません。また、不幸にしてお客様のクレーム情報が、フリート試験より先に届いてしまうこともありますが、そこで大切なのは、お客様との競争に負けたことを真摯に振り返り、「どうやったらお客様より早く発見できたか」を振り返りフィードバックすることです。やっぱりフリート試験ではダメなのだ、という結論では、フリート試験の問題発見力は上がりません。

(7)　良品回収

　今までに経験のない新しいシステムや製品を市場に投入した場合、市場からその製品の一部を回収して、その中に"問題の兆候"がないかを調べることがあります。これを、良品回収といいます。クレーム品を回収するのではなく、「市場で問題なく使われているモノを回収する」という意味で、「良品」という言い方をします。

　回収の仕方には、特定の市場、特定のユーザーを指定して回収する場合と、無作為に回収する方法があります。新しい製品が特定の使われ方をした場合に問題が起きるかもしれないという場合（明確な心配点、弱点がある場合）は前者、そうでない場合は後者の手法が用いられます。

いずれにしても、問題の兆候(リスク)を発見しなければならないので、DRBTR の手法に沿って、徹底的な比較観察(新品と回収品など)と議論によって問題を発見することが必要です。

(8) リスク(差)を明確にするのが問題発見の基本

ここまではお客様より早期に問題を発見する手法について述べましたが、これらは、開発段階・生産準備段階で変化＝リスクを捉え、問題を発見することとまったく同じで、同じ手法を適用することができることがわかりました。

つまり、未然防止の「問題のありか(リスク＝差、Good Design)を明確にして、そこに隠れている問題を Good Dissection と Good Discussion で発見する」という手法 DRBxx は、市場に製品が提供された後でも使えるので、未然防止の考えをここまで広げることが重要です。リスクが明確になれば、そこから問題を発見する手法はすでにある(DRBxx)ので、リスク(差)を明確にする手段を決めることが第一歩です。上記以外にも、いろいろな問題発見のための手段を決め、どんなリスク(差)に着目するかを決めれば、DRBxx の考えを利用した新しい手法を創ることができるでしょう。

未然防止(問題発見)や DRBxx は、開発部門だけの仕事としてしまっては、お客様のために問題を発見する機会を大幅に失ってしまうことになります。会社を挙げて、どうやって問題を発見するかということを考えていかなければなりません。それが、すべての仕事の中心に、発見を持ってくるということです。

しかし、それでも市場問題が発生してしまってから問題に気づくことになる場合も、まだたくさんあるでしょう。そのような、市場で問題が発生してしまってからの問題発見について、以下で考察します。

8.3 顕在問題の発見

(1) 市場問題（顕在化した問題）に気づき行動を起こす

　市場に提供した製品が、問題が発生する前に兆候をつかむ手法は前述したとおりです。一方、問題が発生してしまったら、発見も何もないのではないかと思われるかもしれませんが、実際には、すでに発生しているにもかかわらず、問題解決されないままに放置されている問題はたくさんあるのです。市場問題が発生しているにもかかわらず、問題解決する人にとっては、認知していない潜在問題なのです。潜在問題を顕在化させることは、問題解決を早期に行う、大切なポイントなのです。

　図 8.4 は、市場クレームの推移を、製造日とクレーム情報入手日で整理したものです。一般に、図 8.4 のようにクレーム品を製造した月とクレームを受け付けた日にはある程度の差があります。お客様のところで

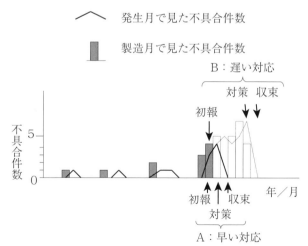

図 8.4　クレーム費は初報を受けてから対策を完了するまでの時間に比例する

ある程度使われてからクレームの問題が発生することが多いからです。中にはそれに 1 年も 2 年もかかるもの（摩耗型故障）もありますが、一般には比較的早い時期に問題が発生します。そのような場合、クレームを受け付けてから、いかに早く問題に対応するかが、支払うクレーム費に大きく影響します（図 8.4 A と B の比較）。クレーム費は、クレーム初報を受け取ってから、対策を実施するまでの時間に比例するといってよいでしょう。だから、自動車業界などの製造現場では、24 時間以内に対処するという目標が一般的になっているのです。これは、お客様にとっても、企業にとっても Win-Win の目標なのです。そのためには、顕在問題の解決に着手するタイミングをいかに早くするか（顕在問題を発見する）は大切な要件になります。

　何度も繰り返しますが、GD^3 ではまだ市場に提供されていない製品に潜んでいる問題、潜在問題を発見する（市場問題発生の未然防止）ために、差（リスク）に注目するのが大切であると述べました（Good Design）。差が潜在問題を含む可能性のあるリスクであるという考えです。差がなければ状況は変化しておらず、差があるということはそこに何か変化があったということです。その変化そのものは問題かもしれませんし、問題ではないかもしれません。その差に注目して、Good Discussion（ワイガヤ）と Good Dissection（現地現物）により、そこに隠れている問題を発見する、というのが GD^3 のコンセプトです。市場問題の発見も、この差に注目するのが第一歩になります。

　すでに市場のどこかで起きている問題の場合、それを早期に解決するためには、問題にいかに早く気づいて、行動を起こすかが鍵になります。クレームデータの差に着目し、問題に気づいて行動を早く起こして、大問題に発展することを未然に防止することも「市場問題の発見」といえます。

(2) データの変化(差)に着目する

　日ごと(月ごと)の問題発生数の変化のように、その時点での問題を件数や％(確率)で表したデータに着目することが問題発見に役立ちます(**図8.5**)。問題発見に使えるデータはこの瞬時のデータですが、変化に気づきやすい反面、本質でない変化に目を奪われやすいという問題もあります。変化はあくまでもリスクで、問題そのものではないことを理解していなければなりません。

　また、瞬時のデータといっても、製品全体のクレーム率の日々の変化のようなマクロなデータでは、ミクロな現象の変化(製品ごとの個別の問題の変化など)を捉えることはできません。設計担当者には、いろいろな断面(細部の部品と故障モードごとなど)でとった瞬時のデータ変化が送られていなければなりません。多くの企業では、問題解決のステップになってから、問題解決の担当者の要望で細部の瞬時データが提供されることになっていますが、これでは、データは問題発見には役立てられないのです。

　変化から問題を発見するには、この1枚を見たら問題を発見できると

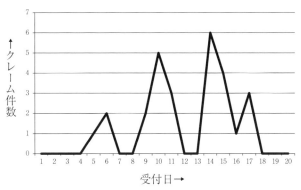

図8.5　クレームを瞬時のデータで表す

いうチャートなど存在しないことを理解しなければなりません。一番基本的なデータは、クレームの発生日(月)で整理した故障率の変化データでしょう。工程での変化を明確に捉えるには、生産日(月)で整理された故障率の変化データのほうが変化を明確に表すことができます。さらに、次のステップで問題の原因を把握する際には、経過日(月)での故障率変化データは不可欠です(自動車などの場合は走行距離で整理することも大切)。最低でも、これら3つのデータは常にセットで提供されなければなりません。これらは、後に原因を発見する際にも重要な武器になります。一方、これらのデータは日々会社のトップに提供すべきデータではないことは理解できるでしょう。

　これらのデータを表示するときに、安定したデータを見たいがために、図8.6のような表示をすることがあります。そして、「弊社は12カ月経過のクレーム率に着目しています」などと平気で言う品質担当者がいます。これでは、「12カ月過ぎるまで行動を起こさない」といっているよ

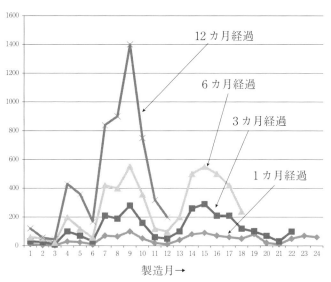

図 8.6　製造月で整理したクレームデータ

うなものです。データは行動を起こすために使うのです。行動を早く起こすためには、リスクを早くつかまなければなりません。問題として明確になってから行動を起こしたのでは、変化(差＝リスク)を見る意味はありません。例えば**図 8.7**のように、1カ月経過のデータを 12 倍して表示するなど、行動を起こすためのデータ表示を心がけなければなりません。問題を発見するため(リスク＝差を示す)のデータ表示と、全体の状況を見る(評価する、管理する)ためのデータ表示は基本的に違うことを理解しなければなりません。ある値を超えたら行動するのではなく、変化を見て行動するということです。

このようにして、クレームの変化に常に注目していることが、問題発見の第一歩です。また、クレームデータだけではなく、例えば、市場で補給部品の供給に変化が起きたというような、いろいろなデータの変化を常に注視していなければなりません。

トヨタで仕事をしていた頃、ある中堅の会社の副社長が筆者のところ

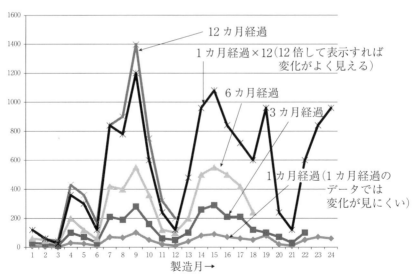

図 8.7　1カ月経過データを拡大して表示する

を訪ねてきて、「最近、弊社の補給部品の出荷が急増しているのですが、何かご迷惑をかけていないでしょうか」と話してくれました。実は、その会社の製品ではないが、関連した部品に問題があり、対策するためその補給部品の注文を増やしていたのです。この副社長に感謝すると同時に、彼の品質に対する感度に感服しました。

　データの変化はあくまでも、そこに問題があるかもしれないというリスクを示しているだけで、そこから問題を発見しなければなりません。GD^3では試験結果の差から問題を発見する手法、DRBTRを用います。DRBTRの問題発見のベースになる差＝リスクは、実験データの差、あるいは実験結果に現れた現象(姿)の差です。市場クレームデータは実験データに相当し、クレーム品を観察しての差は、実験結果に現れた現象(姿)に相当するといって良いでしょう。したがって、DRBTRの考えはここでも使えます。しかし、クレームデータ(故障率)が唯一の拠り所というのでは、その背景にある潜在問題を掘り起こすのは難しいでしょう。

　それでも、問題解決に向けて行動を起こさなければなりません。それが、データの変化に着目する意味だからです。加えて、現象の変化(クレーム品の観察結果の差)も欲しいでしょう。8.3節(6)で述べるクレーム品と非クレーム品の差の観察は、問題発見の重要な鍵になります。これらを合わせてDRBTRを行うことにより、解決すべき問題を発見することができます。

(3)　慢性問題の発見

　前項で、日々のクレームの変化(スパイクと呼びます)に着目することが大切であることを述べましたが、日々のクレームの変化がない場合でも、問題を発見し、行動を起こさなければならないケースがあります。

　ある程度のクレームが常に発生している慢性の問題がこれに当たります。

これも、設計品質の問題である場合が多いのです。しかし、スパイクのように急にクレーム率が上がるわけではないので、つい問題として認識されないことがあります。たとえ問題として認識していても「まあ、これが現在のモデルの実力だから、次のモデルで改善を図ろう」くらいにしか考えず、結局、お客様のための行動は何も起こらないのです。クレームデータの日々の変化だけがリスクではないのです。では、慢性問題のリスクにはどのようにして気づき（発見し）、行動を起こしたらよいでしょうか。

まず、差＝リスクがあることを認識する必要があります。旧モデルと新モデルの差、競合社製品との差、社内他製品との差などに着目する必要があります。その差がリスクになります（図 8.8）。

さらに、お客様の製品評価データ（図 8.9）、不満情報や雑誌記事など

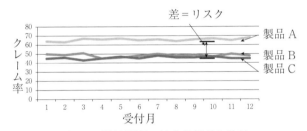

図 8.8　慢性問題は社内他製品と比較

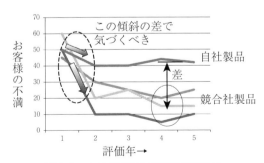

図 8.9　お客様評価で慢性問題発見

にも注目していなければなりません。この場合、リスク（差）は開発技術者がお客様の評価がこうあってほしいという目標と、実際の評価のデータの差であり、日々の変化ではありません。リスク（差）があるという気持ちを持ち続けることが大切です。そうすれば、いろいろな現象（事実）を見て、ここから問題を発見することがお客様の期待に応えるチャンスであることが理解できます。リスクがあるという気持ちを持ち続けないと、問題を発見しようとする気持ちもすぐに失せてしまいます。

　差はあくまでリスクであって、そこに隠れている問題は、自らの目で発見しなければなりません。そのためには、DRBTR の手法に沿った、クレーム品の解析、良品回収品の解析、市場への訪問調査などが有効になります。いずれにしても、Good Dissection と Good Discussion が必要です。

（4）　慢性問題に隠れた偶発型故障の問題発見

　ある程度の割合で発生が許容される偶発型故障の問題は、前項で述べた慢性問題になります。機能に影響のない、慢性的な音の問題などの商品性にかかわる問題がこの範疇に入ります。

　一方、自動車のように、お客様の使い方の幅が広い製品では、非常に希少な確率で起きる偶発型の問題があり、その中には安全にかかわるような重大な問題、あるいは、重要な機能障害を引き起こす問題もあります。このような問題の多くは、慢性問題の中に隠れて、お客様からの故障モードごとのクレームデータでは変化が見えないことも多くあります（図 8.10）。慢性問題も含んだクレームデータに変化が起きてから行動を起こしたのでは、対応が遅くなってしまいます。第一報に迅速に反応しなければなりません。リスクはそのような問題が 0 件だったものが 1 件になったということです。このようなケースでは、クレームデータ以外に、他の慢性問題と区別できる差を示す情報に注目しなければなりま

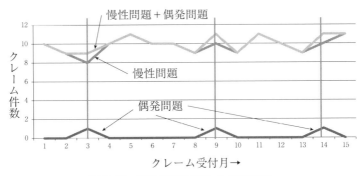
図 8.10　慢性問題に隠れた偶発問題

せん。それには、個別のクレームについて、細部を報告してくれる、市場問題情報などの1件1葉のお客様の情報が重要になります。お客様情報を見て、これはいつもと違う(差＝リスク)と気づくことが大切です。その意味で、お客様の情報(製品の使い方、環境条件など)を正確につかむことが大切です。クレームの細部情報は、お客様の特異性を証明して、対策を逃れるための情報ではありません。特別なお客様に対しても、十分な能力を、開発で織り込んでいたかどうかを確認して、確実な対策を迅速に行うための情報です。お客様が、想定を超える厳しい条件で製品を使っていた場合、決して、それを"意地悪条件"とか、"異常な使い方"などと言ってはなりません。このような言い方をするのは、責任の所在をお客様に押しつけようとしている表れです。決してお客様は意地悪で問題を起こしているのではないのです。開発のときに想定されていなかった問題を意地悪というなら、市場で起きる問題はすべて、意地悪になってしまいます。上述のように、問題を解決する前から、お客様との間で責任の所在を云々してはならないのです。

(5) 慢性問題に隠れた摩耗型問題の発見

摩耗型の故障も、クレームデータの変化だけを見ていたのでは、慢性

問題に隠れて気づきにくい問題です。

摩耗型の故障とは、製品の摩耗による故障のように、時間とともに故障の確率が上がっていくタイプの故障をいいます(図 8.11)。

破損とか亀裂などのキーワードで報告されるクレームには、特に注目して見逃さないようにしなければなりません。しかし、摩耗などの時間とともに徐々に成長していく問題は、最初、音とか振動などの他の慢性問題と同じキーワード(クレームデータ)で報告されることが多いので、クレームデータだけを見ていたのでは、問題の発生を見逃してしまうことがあります。他の慢性問題と区別できる差を示す情報に注目しなければなりません。それには、まず上記の市場問題情報などの1件1葉のお客様の情報が重要で、「これはいつもと違う(差＝リスク)」と気づくことが大切です。

もう一つは、個別のクレーム品を比較観察して、差を発見することです。他の慢性問題で返却されたモノと比較して、違うところがないかを、詳細に観察します。そしてその差に摩耗型の問題がないか考えます。いずれにしても、リスク＝差を見つけなければ、問題発見はスタートしません。

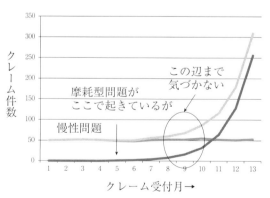

図 8.11　慢性問題に隠れた摩耗型問題

(6) もの(事実)の比較観察による問題発見

　これまで、クレームにかかわるデータの変化(差＝リスク)に気づいて、問題を発見する方法について述べてきましたが、クレームデータだけではどうしても問題への視点がキーワード的(故障モードと数値依存)になり、具体的な問題を発見し対策に繋げるには不十分な場合が多々あります。事実(モノ)の比較観察は、問題発見にとって欠かせないステップになります。常に、データの差に着目すると同時に、クレーム現品を比較観察することにより、リスク(差)に気づき問題を発見する努力は欠かせません。

　モノの差(リスク)に着目し、そこに隠れている問題を発見するプロセスは DRBDP そのものです[2]。

　最初にすべきことはクレーム現品の観察です。多くの企業には、市場から回収されたクレーム現品を保管する倉庫があります。この倉庫は問題発見の宝庫です。この倉庫に、日頃から出入りして、クレーム品を観察し、そこにある差を観察する習慣を持っている技術者(特に開発技術者)がどれだけいるでしょうか。

　ある外資系の会社では、「クレーム品倉庫はクレーム費用支払いの重要な証拠を保管する場所であるから、経理以外の人間の立入りを禁ずる」と言う通達を出したそうです。まったくお客様第一を理解していない経営者です。

　同じキーワードで戻ってきたクレーム品も、それぞれの顔を持っています。その差から、このような(別の)問題が起きているのではないかという気づきを引き出すのが、倉庫訪問の目的です。

　倉庫に行って、クレームとして返却された現品だけを見ても、何が問題なのか気づくのは難しいでしょう。正常なものとの比較が大切になります。その場に比較のベースとなる正常な製品が置かれていれば、それ

にこしたことはないのですが、すべての製品を準備しておくのは至難の技です。その場合、他の理由で返却された同じ製品と比較する（他の理由で返却されたものは、いま注目しようとしているクレームに関しては正常であると解釈できる）、あるいは同じクレームコードで返却された同種の製品と比較することにより、差を見ることができます。

　両者を比べたときに、今まで同じクレームコードで返却されていたものと様相が違うことに気づいたら、それが問題発見の鍵（リスク）になります。クレームデータ上では同じクレームとして扱われますが、別の問題である可能性を示しているのです。それが、慢性問題に隠れた問題の発見に繋がり、どのような問題が隠されているかの考察に入るわけです。まず、どのようなプロセスで、そのような差が生じたのかを書き出してみましょう。DRBTRの帳票でいうと、「どのような問題が考えられるか」の1カラムになります。

　基本は常に「問題があるのではないか」という目で差を見る習慣を身につけることです。そして、うまく問題を発見できたとき、できなかったとき、それぞれに、確実に振り返りを行い、継続的に「発見力」を向上させる努力を行うことです。

第9章

問題解決

9.1 問題解決の目的は、早くて確実な対策

(1) 置き換え(Replace)

　私達は問題が発見されたときに、「その原因を究明して、対策を実施することにより、問題を解決する」と当然のこととして考えます。この、問題発見⇒原因究明⇒対策というプロセスは本当に必要なのでしょうか？

　お客様にとっては、早く、かつ確実に対策をしてくれることが、一番望んでいることです。しかし、早くと確実には、往々にして矛盾します。常に、この両者が矛盾しないように、対策を行うことを考えなければなりません。

　米国の一般的技術者が、何かが壊れたとき、どのように考えるかというと、「市場で壊れていないものと置き換えれば良いので(Replace)、必ずしも、その問題が起こりにくくなるような暫定対策、変更(Change)や、壊れないように改良する(Improve)必要はない」というのが彼らの

基本的な考えです。

　ここで3つの言葉を使いました。これらの言葉と対策の考え方を説明すると、**図9.1**のようになります。GD^3問題解決プロセスは人間の気づきを使って、お客様のために迅速に対応しようということですから、Replaceする良いものに気づく（発見する）ことを決して否定するものではありません。

　置き換え（Replace）は、「対策とは問題のない現存の良いものに置き換える」という考えで、周囲に問題のない良いものがあり、簡単に置き換えることができるときは、迅速で確実な対策ができるという意味で、良い方法です。

　例えば、ある電車が不具合で運行できなくなったとき、最初に代替交通手段をお客様に提供します。決して原因がわかるまでお客様を待たせることはしません。Replaceするのです。迅速な対応として、お客様は喜んでくれるでしょう。

	問題に対処する（お客様のために、早い対策必要）	再発を防止する（確実な知見を獲得する）	備考
Replace 現存する問題のないもの、よりロバストなものに置き換える	置き換えられるものがあれば、早い対策になる	技術的な知見を得るのは難しい	例：品質工学（田口は品質工学を問題解決に使うなと言っていた）
Change 現因（あらいん）に対処	迅速な対応ができるが、あくまでも暫定対応	—	対応実施後、必ず原因解明必要
Improvement 原因（はらいん）に対処	時間がかかるが、確実で効果的な対応が可能	再発防止につながる知見が得られる	問題解決の本命

©2015 JMA Consultants Inc. & GD Cubed Consulting

図9.1　対策手法の視点は3つある

極端に言えば、Replaceの相手が、どのような構成の製品かを知る必要もなく、ただ問題がないという評判だけを知れば良いので、ほとんどブラックボックスのままでReplaceできる可能性もあります（**図9.2 S**）。

工業製品のような場合、一般的には、そのような都合の良い物はないというのが普通です。安易にReplaceして、失敗を重ねることもよくあります。

しかし、米国ではどうもこれが一般的な手法として受け入れられている節があります。ですから、シックスシグマのような手法を身につけて問題解決（原因究明）を行える人は、むしろ特殊な技術者としてもてはやされるようになるのです。日本では、QCストーリーに従って問題解決を行うことは技術者の基本中の基本ですから、シックスシグマ流の問題解決法を身につけても、誰も素晴らしいと褒めてくれないのです。それが、日本でシックスシグマが流行らない一因だと思います。

筆者が米国で仕事をしていたとき、問題解決にとって原因究明が大切であることを技術者に理解してもらうのに、結構苦労しました。「問題を解消するには、問題のないものを市場に提供（問題のないものに取り替える）すれば良いので、今の問題の原因を究明する必要は必ずしもな

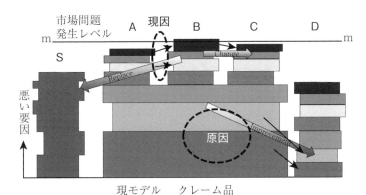

図9.2　3つの対策方法

い」というのが彼らの主張でした。筆者は原因究明が必要である理由を手を変え品を変え説明したのですが、一方では、Replace も対策方法の一つとしては頭に入れて置かなければならないと思いました。

(2) 変更(Change)

変更(Change)は、図9.2 C のように現因(あらいん)に対策することで、差＝リスクに着目して、そこに暫定的に対策する手法です。

差はそこに問題が隠れているリスクだというのは、GD^3 問題解決プロセスの基本的考え方です。問題解決を行う場合、問題のあるものと問題のないものを比較して、どこに差(リスク)があるかを特定します。それはリスクで、根本的な原因ではないかもしれませんが、とりあえず、そこを変更前のものに戻す手法です。このような対策は、変化があったところだけに対策しますから、多くの不具合要因はそのまま引き継ぐことになり、また何かの拍子で他の要因が変化したときに、同じような問題が生じることになるのです。根本的な対策にはならないのですが、早い対応のための当座の対策としては、重要な対策方法です。迅速な対策手法として、頭に入れておかなければなりません。

(3) 改良(Improvement)

改良(Improvement)は、原因(はらいん)に対策することで、図9.2 D の根本的な要因に対策して、問題を根絶させることです。いきなり原因のレベルに到達することはできませんから、まず差(事実)に着目(GD^3)してなぜなぜと原因を深堀りすることの意味は、そこにあります。これによって、効果的な対策(大幅な改良効果で安定なシステムにする)を行うことができます。さらに、それは他のシステムにも良い影響を及ぼし、有効な再発防止につながります。これ(Improvement)が、原因究明が必要なもう一つの理由になります。

私達はお客様に与えている迷惑を解消するために、問題を解決します。それは早いほど良いし、それで解消される問題が多いほど良いのです。つまり、その対策で問題が根絶できることが望まれます。真の原因を解明し、それを取り除く対策を行えば、その問題の発生を根絶できるというのが原因究明の必要性です。根絶は問題解決でもあり、再発防止にも繋がるのです。つまり、原因究明を行い、本対策を実施する目的は問題を根絶させるとともに再発も防止するためということができます。

9.2　事実の発見

(1)　「なぜだ」ではなく「何が」

　問題を発見したとき、あなたは第一声で何というかというと、多くの場合「なぜだ？」ではないでしょうか。そのなぜという言葉には、その問題がどのような原因で起きたのかとか、どのようなプロセスで起きたのかとか、いろいろな意味が込められているのですが、実際は原因を掘り下げていく第一歩としてのなぜを期待しているでしょう。それが、問題解決を迷宮入りさせる大きな障害になっていると思ってください。

　もしあなたが問題発生の報告を受ける立場だったら、報告に対して、「なぜだ？」と聞くのは禁句にしてください。それはなぜかというと、問題解決の最初になぜを考えることが、問題解決の方向に対して先入観をもたせ、解決の目を狂わせることが多いからなのです。問題解決の最初になぜを考えるとき、私達は従来の知識で**図 1.5 B** の想定問題の領域を探そうとします。自分達が決めた目標をその製品がなぜ達成していないのかと考えるのです。専門知識を持った人ほど、その領域に固執してしまいます[4]。そして、かつて自らの責任範囲でその目標を達成してい

たのだから、達成していなければ、(お客様を含めて)誰か他人の失敗だと思うのです。しかし、市場問題は想定外の問題領域(潜在問題の領域、図 1.5 C)で発生するのです。問題解決ではこの領域に早く到達しなければならないのです。そのためには、問題解決の最初には、自分達が想定していなかった事実があるはずだ、という気持ちで、「事実の発見(現状把握)」をしっかり行うということを習慣化しなければなりません。

久米氏は『「ひらめき」の設計図』[4]の中で、

> 「まず前提となるのは最初に自分達の持っている知識や論理を一旦全て棄て去って白紙の状態から取り掛かることです。
>
> (中略)
>
> ことはすべて「思いもよらぬこと」から起こっているのですから。
>
> そこで、第一に取りかからなければならないのは「事実の把握」です。それはこれまで「知られていなかった事実」を「確実なものとして知られている事実」として認識する作業です。」

と述べています。少し言い換えると「第一に取りかからなければならないのは「事実の発見」です。それはこれまで「知られていなかった(気づいていなかった)事実」を「実際に起きている事実」として認識(発見)する作業です」といえるでしょう。

(2) 現状をメンバーと共有して、事実に気づく

まず、事実の発見(現状把握)が必要だということで、いろいろな現状の情報を集めるでしょう。それらはいろいろな側面から集められた、個々の情報であったり、データであったり、回収した製品であったりします。「それらをじっと眺めていると気づきがある」と言われても、ピンときません。気づきはあくまでも結果ですので、それが、事実かどうかもわかりません。単なる思い込みかもしれないのです。

ここで大切なことは、把握した情報をどのようにして問題解決のメン

バーたちと共有し、それらの中から、問題解決に繋がる事実をどうやって発見するかです。残念ながら、上記のような情報を共有し、関連づけて問題解決に繋がる事実を発見しようと思ったとき、それを行う手法を私達は持っていないのです。

　本書では、問題発見は「自ら解決をすべき問題を認識して、行動を起こすこと」と定義しました。問題を認識したとして、行動を起こすには、どの方向に、どのように行動を起こすかを決めなければなりません。それは発見された問題から実施事項を明確にする（計画を立てる）ということです。そのためには、今起きている問題をストーリー立てて理解しなければなりません。つまり、問題発生のストーリーを描くのが第一歩です（問題解決のストーリーではない）。問題発生のストーリーは、起きている事実のつながりで表されているはずです。このようないくつかのストーリーを立てて、その中から問題解決に繋がるストーリーを発見しなければなりません。それが、「現状把握が最初に必要だ」という理由です。そして、その仮のストーリーがメンバーで共有すべき情報なのです。

　問題解決の報告書を見ると、たいていその問題が起きたストーリー（起きている事実の繋がり、何が起きて、何が起きて、何が起きて、問題が起きたか）が書かれています。報告を受ける側は、このストーリーが市場で起きている事実と比較して正しいかどうかを判断し、問題解決が正しく行われたかどうかを判断しているのです。なぜなぜのステップが正しく掘り下げられているかどうかを第一の判断材料にしているというより、ストーリーを第一の判断材料にしていることが多いのです。GD^3 問題解決プロセスでは、このストーリーを最初に FPA（Failure Phenomena Analysis）という手法を使って描きます。

(3)　FPA（Failure Phenomena Analysis）

　FPA は、お客様が訴えている問題に至る事実（現象）の連鎖を表した

もので、問題に至るストーリーを示し（共有し）、事実を発見する手法として、筆者が考案したものです。

　FTA（Fault Tree Analysis）を故障原因解析ではなく、現象の解析に適用したともいえますが、いくつか違う点があります。対象は原因ではなく、現象です。ストーリーは原因ではなく、現象の連鎖で表されます。つまり、故障につながる事実の連鎖を見える化する手法です。一般にある現象の前に起きた現象を原因ということもありますから、現象の連鎖をたどることは原因解析をしているともいえます。ただし、ここでは原因と現象を分けて考えます。現象は「何・What」、原因は「なぜ・Why」と区別して考えると良いでしょう。

　あるときは、現象の中に原因的な表現を入れたほうがわかりやすいこともあるでしょう。そのようなときは、無理に区別するのではなく、部分的にそれを入れればよいのです。いきなりなぜなぜ（FTA）ではなく、まず事実を観察（FPA）して共有することが大切であることを理解する意味でも、FPAとFTAは基本的には区別して使うようにしたほうが良いと思います。さらに、FPAはわかっている事実と事実の間を推定する場合が多く、FTAのように、推論が一方的に広がっていくことはあまりありません。

　前置きはこのくらいにして、実際にFPAを描いてみましょう。

「A室に入ったB君が転倒し骨折した」という事例を考えてみましょう。A室（図9.3）を観察したところ、次のような事実がわかりました。
- A室には1つ照明があったが、点灯していなかった。
- A室には窓はなく暗かった。
- B君はA室の奥にある机の上の資料を取りに入った。
- A室中央付近に1 m×10 cm角のフローリング材の束が置いてあった。

9.2 事実の発見　　137

図 9.3　A 室の様子

　この問題を解決する場合、2つの視点があります。一つは B 君の骨折が早く治るような手立てを見つけることです。もう一つは、このようなことが起きないようにすることです。どちらも大切なことで、以下の考察はどちらにも提供できますが、ここでは後者の場合を考えます。つまり、この状況を把握して、A 室などに対策を講じるということです。

　これだけの情報があると、解析担当者は「この人はフローリング材につまずいて転び、骨折した」と考えるでしょう。そして「照明が切れていて、部屋が暗かった」ことも、つまずいた要因になっていると考えるかもしれません。これは起きた事実を正しく表しているかもしれないし、担当者の思い込みかもしれません。なぜなら、B 君が転倒したことはわかっていますが、それがフローリング材につまずいたからかどうかはわからないのです。そのような思い込みによる結論づけを避け、真の事実を発見するために、私達は常に「他にないか」を考えなければなりません。「事実をしっかり観察（Good Dissection）しながら、他にないかを議

論する(Good Discussion)のは GD^3 の鉄則です。

　まず、担当者が最初に思いついたプロセスを書き出し、現象(事実)の連鎖で結んでみましょう。例えば、**図 9.4** のようになります。ここで四角で示したものは、事実を確認できたものです。角の丸い四角で示したものは、情報はあるがまだ事実が確認されていないものです。さらに、楕円(または長円)で示したものは解析担当者の推定です。ここまでは解析担当者の今の考えですが、もしかすると思い込みかもしれません。これを防ぐために、この一つの連鎖を横に膨らませていきます。それが、事実の連鎖の発見に繋がるのです。キーワードは「他にないか」です。例えば、「つまずいたのはフローリング材ではなく、床の破損箇所だった」、というストーリーも考えられるでしょう。また、フローリング材や破損箇所とは無関係に、B君がめまいを起こして転倒した、ということも考えられるでしょう。

　このようにして、ツリーを構成したものが**図 9.5** の FPA です。

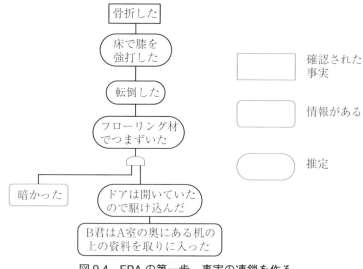

図 9.4　FPA の第一歩　事実の連鎖を作る

9.2 事実の発見　　139

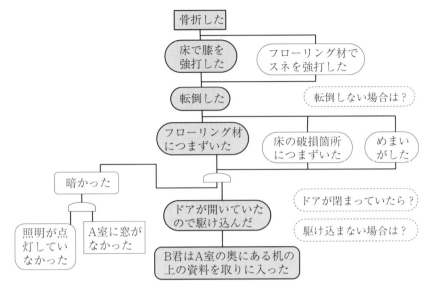

図 9.5　他にないかと考えて横に広げる

　モノを観察するときに、どうしても自分の考えを肯定する事実を探そうとしてしまいます。「自分達の持っている知識や論理を一旦すべて棄て去って白紙の状態から取り掛かることです」[4]と言われても、白紙の状態になるのは、なかなか難しいことです。それならば一度、先入観があっても良いので、それを書き出して、他にないかという視点で順に否定して、他の事象を見つけ、それを確認していけば、白紙と同じような状態になれるでしょう。書き出すことが、白紙化(客観視)する大切な第一歩になるのです。そして、「他にないか」と自らに問うことにより、先入観に囚われている自らの目を客観視(白紙化)させることができるのです。それでも、自分を否定して、客観的に考えるというのは難しいこともあります。自分でできなければ、他人と話し合い、他を見つけてもらえば良いのです。これが、GD^3 の Good Discussion です。私達はチームで仕事をしています。その力を使わずに、個人の力だけで問題を解決

するのは不可能と考えてもよいでしょう。

　そのような場合、チームのメンバーで事実を観察し、考えを出し合い、それを共有することが最も大切です。それを可能にしたのが、FPA です。

　解決すべき問題を発見するのも、それに至る事象の連鎖を発見する（FPA）のも、問題解決の鍵になる原因を発見する（FTA）のも、皆、人間の発見力を使った創造的な行為といえます。逆に言えば、事実の把握（FPA）も原因の掘り下げ（FPA）も機械的に行ったのでは発見にはならないのです。しかし、従来は「確実に事実や原因をつかむために」といって、機械的、網羅的な方法に頼っていたのではないでしょうか。

　ここが発見力を活かす GD^3 問題解決プロセス、「発見を仕事の中心に持ってくる」の重要なポイントです。

(4)　FPA は一通りではない

　FPA は発見力を引き出す手段です。FPA は事実の発見のために使われます。ですから、もう事実がわかってしまっていて、あえて発見することがない場合に FPA を書こうとしても、無理がある場合があります。それは1本の事実のつながりだけで十分ということになります。

　例えば、何が起きているかという事実を発見することが目的ですから、市場で起きている事実（お客様の使い方など）について FPA を書いてみることは重要です。これから問題の市場調査に出かけようというとき、何を調査するのかを決めるのにも役立ちます。こうだろうと思い込んで調査項目を決めて市場に出向き、予想が外れたけれど他に何をすべきか何も考えていなかったといって帰ってきたことは、誰にもある経験だと思います。

　一方、工程の中に問題がありそうな問題に、お客様の使い方だけに注目した FPA を書いても、直接的ではないこともあります。

問題にかかわる事実を繋いでストーリーを立てようとすると、一通りのFPAではうまく表現できないこともあるでしょう。例えば、工程で起きていること、市場で起きていることを別のFPAで表したほうがわかりやすいこともあるでしょう。そのような場合は、FPAを別々に書くのが良いでしょう。最後にはANDゲートで結ばれるかもしれませんが、あまり最初から一つにまとめようと考える必要はありません。

例えば、9.2節(3)の例では、B君の行動を「お客様の使い方」と考えるならば、フローリング材がそこに置かれた経緯が「工程で起きていること」に相当します。最初にフローリング材が関係しているかどうかの事実を明確にしたうえで、フローリング材が置かれた経緯(事実)をつかむ必要がありそうです。そこで、フローリング材が置かれた状況に対して、FPAを展開してみましょう。

フローリング材は床の修理のためにC君が持ち込んだもので、当然彼に聴聞しなければなりませんが、まだできていないとしましょう。最初に以下のような状況を想定しました。

C君の行動：
- A室の床の破損箇所を修理するために、フローリング材を持ってA室に入った。
- ドアが閉まっていたので、そこに「床修理中、入室禁止」の張り紙をし、中に入った。
- 室内が暗かったため、ドアはそのまま開放して、室内のスイッチで照明をつけようとしたが、点灯しなかった。
- その場にフローリング材を置いて、照明の修理班を呼びに室外に出た。
- そこにB君が駆け込んできた。

という想定です。これに対して、事実を発見するために、「他にないか」を加えたFPAは、**図9.6**のようになります。最初のFPAとは図9.6、

第 9 章　問題解決

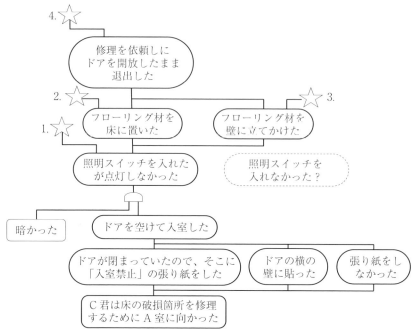

図 9.6　C 君の行動に関する FPA

図 9.7 の☆印のようにして関係づけておくと良いでしょう。

さらに、新しい事実が判明したら、臨機応変に FPA で繋げながら、共有していくことが大切です。

（5）　FPA にすべての情報を書き込む

FPA は作っただけでは意味がありません、現状をチームメンバーと共有すると同時に、いろいろなところにある事実に関する情報の目次になっていなければなりません。事実に関する情報の要点と、それがどこにあるかを吹き出しの形で書き込み、さらにチームでそれを議論（Good Dissection & Good Discussion）し、他にないかという気づきを引き出しましょう。FPA は発見力を活かす手法なのです。さらに、チームで決

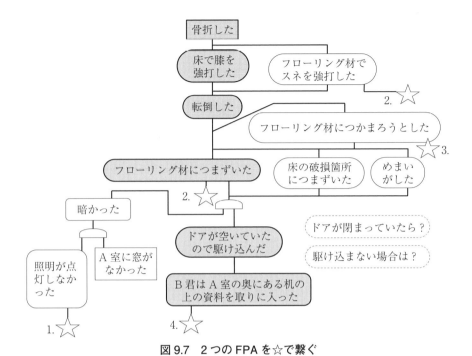

図 9.7　2 つの FPA を☆で繋ぐ

めた行動計画(調査、実験など)も吹き出しで書き込みましょう。

　FPA は最初に作成するだけではなく、問題解決は常にここ(FPA)に戻って考察できるようになっていなければなりません。FPA をもとに、どのように調査・試験が進められるのか、それらの結果がどうなったのかも FPA に記入していきましょう。

　この後作成する FTA も同様です。FPA にしても、FTA にしても、問題解決の中で、常に使われるものでなければ意味がないのです。

9.3 暫定対策

(1) FPAを暫定対策に使う

　問題発見、問題解決の目的は、問題を解消することにより、お客様の期待に応えることです。第1ステップの事実の発見も、そこで作成したFPAもその目的のために使われなければなりません。

　FPAは問題が発生したストーリーを示しています。したがって、もしそのストーリーが正しければ、どのステップに対策しても、とりあえず同じ問題の発生は防げるはずです。それは問題を止めるための一つの策ではありますが、完璧な策ではないかもしれません。しかしお客様は、確実で早い対策を待っているはずです。最善の策を実施するために、長い時間を費やしてはいけません。8.3節でも述べたように、クレーム費は、多くの場合不具合品を製造してから対策品を供給するまでの時間に比例します。早い対策は、お客様にかける迷惑を最小にすると同時に、自社の被害も最小にすることができるのです。まず、FPAをもとに暫定対策を行うことを決断しなければなりません。

　B君の骨折の例で、最初に書いたFPA(図9.5)から暫定対策を引き出す場合は、「A室を入室禁止にする」「フローリング材を片づける」「A室の照明を修理する」などが考えられます。ここでも差＝リスクに注目することが大切です(**図9.8**)。

　例えば、A室の他にD室、E室があり、そこではこのような問題が起きていなかったとします。ここから、「A室を入室禁止にする」という対策が思いつきます。明らかに問題が解決しているわけではありませんが、A室での問題発生はなくなるでしょう。現因には対処したことになります。これは、製造現場でいえば、Aラインで問題が起きたが、

9.3 暫定対策　*145*

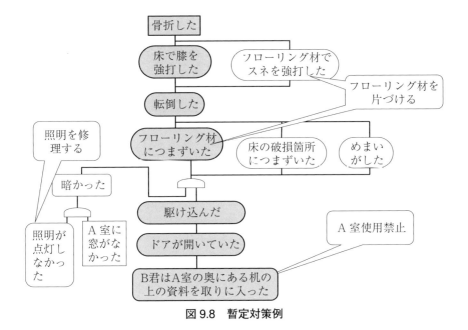

図 9.8　暫定対策例

D ライン、E ラインでは問題が起きていなかったとき、「A ラインでの生産を中止する」という流出防止の考え方と同じです。

「フローリング材を片づける」は、想定した事実のうち「滑って転倒した」「めまいがした」が事実でなければ、対策として有効でしょう。この部屋の状況を以前と比較することも有効でしょう。この FPA から、以前の状況と異なるところは、部屋が暗かったことと、フローリング材が置いてあったことです。これらが、何らかの意味で、B 君の骨折に関係しているように見えます。

もちろん、フローリング材を片づけたからといって、転倒の要因を根絶できたわけではないので、転倒の可能性は残りますから、完全な対策とはいえません。それでも、この時点で対策を実施することは早くリスクを減らすという意味で重要です。

A 室の照明を修理するのは、B 君の骨折と直接には関係しないかもし

れません。暫定対策はできる限り直接的な効果の大きいものが良いでしょう。他の対策と組み合わせて効果を上げるには、この対策も良いかもしれません。

図 9.2 に示したように、差は現因を示しており、原因ではない可能性が大きいのです。しかし、暫定対策は現因に対処してでも、とりあえず問題を止めることが大切です。原因への対策は本対策のステップでしっかりやればよいのです。

（2） 上司への報告と暫定対策の決定

ここでは、誰が、いつ暫定対策を実施するかについて考えたいと思います。上で述べたように、この段階での対策は早さがとりえで、完璧な対策ではないかもしれません。暫定というからには、この後、本対策を実施しなければならないということです。しかし、もしこれをすべて対策実施担当者に任せたとすると、対策実施担当者は、暫定対策で問題解決は終わったと考えたいし、そのようにするでしょう。それではお客様にとっての最善の対策にならないし、後に述べるように、再発防止にも繋がらないのです。このように考えると、暫定対策を実施する人は本対策を実施する担当者と別人でなければなりません。担当者の上司が暫定対策実施担当者として最適だと思われます。それも、かなり上位の上司であるほうがよいでしょう。

これを実現するには、まず、暫定対策を決断する上司に、速やかにクレーム情報が伝わらなければなりません。しかし、多くの上司はクレーム情報を聞きたくありません。クレームと聞いただけで、目尻を釣り上げて、怒鳴りつける上司もいます。自分がお客様の前で頭を下げている状況が目に浮かび、自分が恥をかかされると思うのかもしれません。また、部下がその場で対策案を示さなかったことを怒る上司もいるでしょう。「クレーム対策は終わったという報告をせよ」という上司もいます。

これでは、上司に第一報は伝わりません。第一報は、問題に関する、わかる限りの事実が報告されれば良いのです。もちろん、部下の考えをつけ加えることは重要ですが、それがなくても第一報を上司に報告することは大切です。上司はそれに対して、決して怒ってはいけません、まず速やかに報告してくれたことに感謝の意を表さなければなりません。「ありがとう」とはっきり言うことが大切です。そのうえで、報告してくれた部下と一緒に、暫定対策をその場で決定しなければなりません。さらに、本対策を実施するためには、部下への動機づけが必要です。ここでFPAがあれば、これらの議論、決断の助けになるでしょう。

トヨタ車体の鈴木一郎元副社長は「もし、市場で3件目の問題が発生したら、すぐに私のところに報告しなさい。その場で私が対策を決定する」と宣言しました。これを実行することにより、トヨタ車体のクレーム費は大幅に低減しました。クレーム費は問題が発生してから（厳密には問題の製品が生産されてから）、対策されるまでの日数に比例するからです[2]。

鈴木氏によると、それでも低減しにくい問題があるといいます。それは、摩耗故障型の問題です。摩耗故障型の問題（例えば、疲労破壊とか、摩耗による不具合など）は、市場で問題が発生するまでにある程度の期間（数カ月〜数年）を必要とするので、市場で問題が発生してから急いで対策を行っても、すでに市場にはたくさんの不具合製品が提供されており、それらはずっと問題を起こし続けるのです。安全上の問題など、リコールを実施しなければならないこともあります。このような問題は、問題を起こさないように、開発時に問題を発見し未然に対処しておくことが重要なのです（⇒未然防止）

この話をすると、多くの人は「私は副社長ではない」と言って、それで終わりになってしまうのです。もちろん、この役割を問題解決の専門家や、担当者の直属上司あたりに押しつけてはいけませんが、一体誰が

副社長の首に鈴をつけるのか、誰がどのように始めるのかを考えない組織は、いつまでたっても変われないのです。品質問題に対する危機感もないし、お客様第一も理解していないといえるでしょう。

(3) 暫定対策から本対策へ

　暫定対策を行ったとき、それで本対策としてしまう人がいます。暫定対策は、お客様の不安を解消するための、あくまでも暫定の対策であることを忘れてはなりません。B君の骨折の例なら、当然のように暫定対策とは別に、本対策をすると多くの人は答えるでしょう。一方、このような暫定対策も行わずに「正しい原因究明をして、間違いのない対策を打て」と指示している上司は多いのです。正しい仕事を行おうと慎重になるあまり、お客様のことを忘れ、対策を先延ばししているのです。暫定対策の後に本対策を速やかに実施することを、全員が共有していなければなりません。

　では、本対策の鍵は何でしょうか。従来は原因解析を行って、真の原因を見つけて、そこに対策を行ってきました。例えば、なぜなぜ分析を行ったり、FTAを描いたりします。しかし、それで真の原因がわかるわけではありません。真の原因、あるいはそこに至るプロセスを、実際に起きている事実と照らし合わせて、これが原因だ、と決めているのです。最終的に示すストーリーは、確認した事実の連鎖なのです。それなら、事実の連鎖を先に想定して、それが事実であることが示されれば、問題(原因)は解明されるのではないでしょうか。それがFPAの意味なのです。ですから、FPAを詳細に、解析していけば、真の原因に到達できる可能性もあります。

　次節では、原因究明のプロセスを、FPAとFTAを中心に考えてみたいと思います。

9.4 原因の発見（原因の究明）

(1) FPAとFTA

　B君の骨折の問題で最初に描いたFPAは、B君がA室に入ったという情報から、その結果骨折したという事実の間を、現象の連鎖で説明しようとしました。

　これは、暫定対策を行うことはできましたが、なぜ、骨折するような事態になったのか、原因はまだわかりません。

　そこで、この例では、なぜそこにフローリング材があったのか、というプロセスを、さらにFPA（図9.6）で説明しようとしたわけです。

　最初のFPAの各要素から、必要な要素を選んで、新たなFPAを深掘りしていくことによって、原因のかなりの部分は説明できるようになり、FPAでかなりの原因解析もできるといっても良いでしょう。では、FTA（原因解析）はどのような場合に必要になるのでしょうか。ここで、FTAについて少し詳しく見ていきましょう。

(2) FTA（Fault Tree Analysis）について

　FTAは信頼性管理手法の一つで、JIS C 5750-4-4では、「設定した頂上事象の発生の原因、潜在的に発生の可能性がある原因又は発生の要因を抽出し、頂上事象の発生条件及び要因の識別及び解析を行う手法」と定義されています。

　もともとFTAは、システムの開発設計の際、配慮すべき要因をもれなく抽出し、それぞれの発生確率も含めて、合理的な信頼設計を行うためのもので、漏れのない設計の管理を行うための手法です。発生確率を解析するためには、各層が100％（層ごとに全体をもれなく表している）

になっていなければなりません。つまり、既知の要因の体系を表しているもので**図 1.5 B** の既知の問題(想定品質問題)を防止するためには優れた手法ですが、市場問題の原因は想定外の所(**図 1.5 C**)にあります。私達が見つけなければならないのは、ここの想定外の問題の原因で、開発の際に使った既知の問題の FTA はそのままでは使えないのです。ここで使うには少し工夫が必要なのですが、多くの場合、設計の初期に作った FTA をそのまま問題解決に使って、こんなに膨大な解析をやっているけれどまだ原因はわかりません、という言い訳に使われます。

図 9.9 に、一般的に設計の場で使われている FTA の一部を示します。ここには論理記号も確率も示されていません。その意味で、開発設計に使う FTA としても、十分な要件を満たしていませんが、ここで言いたいのはそのことではないのです。

設計の初期に作った FTA は、あくまでも既知の問題の発生を防止するためのものです。既知の目標を達成するための細部の設計要件が書かれているチェックリストのようなものです。この要件を一度は満足した製品をお客様に提供したのですから、この中に問題が存在する可能性は低いのです。ここに書かれていない原因を発見することを優先しなければなりません。つまり、設計のための FTA と問題解決のための FTA は違う、と考えなければなりません。

設計の要件をもれなく挙げて管理するための FMEA と、隠れた問題をデザインレビューで発見するための DRBFM があるように、設計の

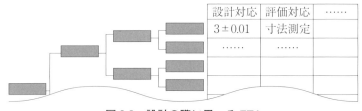

図 9.9　設計の際に用いる FTA

要件をもれなく挙げて管理するためのFTAと、隠れた原因をチームで発見するための発見力を助けるFTAが必要で、それがFPAだということもできるでしょう。しかし、事実を共有するFPAは、原因を発見するFPAとは別にしておきたいので、ここではFTAという従来の名称を使うことにしますが、これは従来の設計の要件をまとめた膨大なFTAとは別物だと理解してください。そして、原因を発見する段階になったら、FPAとFTAを区別して使うことはなく、既知の事実の前にあった事実を探していくのがFPAで、背景にあったこと、あるいは細部にあったことを探していくのがFTA、くらいに考えてよいでしょう。辞書で「原因」と引くと、「ある物事や状態が生じるもとになること。また、その事柄」と書いてあります。前に起きたことは後に起きたことの原因だとすると、この段階で「何が」「何が」解析も「ナゼ」「ナゼ」解析も、ともに「もと」原因を発見する手法といえるのです。大切なのは、発見のために「他にないか」をしっかり考え、「Good Dissection」と「Good Discussion」を行うことです。

(3) 原因発見のためのFTAの作成方法

FPAを前において、FTA解析を行う事象(事実、FTAの頂上事象)を選択しましょう。

例えば、

- A室のドアが開放されていた
- 床が壊れていた
- 床にフローリング材の束が置いてあった
- 照明が点灯していなかった
- B君はA室に駆け込んだ

これらの項目を頂上事象として、FTAを展開することができます。ここで注意を要するのは、頂上事象に何を選ぶかによって、以下の対策

の範囲が決まってくることです。例えば、「照明が点灯していなかった」を頂上事象に選べば、B君がA室に駆け込んだ原因はそこには出てきません。これらの頂上事象を適切に選んでも、それ以下の事象(要因)の選び方によって、対策の方向が決まってしまいます。効果的な対策を選定する意味でも、FPAによる事実の解析をしっかりやっておくことが重要です。

特性要因図(イシカワダイアグラム・魚の骨)では、頂上事象を1つにしながら、原因究明を進める領域をいくつか置いています。通常4M(人(Man)・設備(Machine)・手法(Method)・もう一つの要因(何を当てるかは人によって異なる…MoneyとかMediaを当てる人が多い))という視点から解析を進めます。FTAに比べ、広い視点(領域)からの解析が可能なところが優れていますが、それ以下の解析(小骨の部分)は論理的ではなく、網羅性が低い欠点があります。

例えばB君の骨折の例では、
- A室のドアが開放されていた:設備
- 床が壊れていた:設備
- 床にフローリング材の束が置いてあった:手法
- 照明が点灯していなかった:設備
- B君がA室に駆け込んだ:人

という対応も可能です。その意味でも、まず事実を把握するためにFPAを用いることは合理性がありますし、どこに問題解決の重点を置くかを、事実をもとに考えることができます。

いわゆるなぜなぜ分析も、「なぜ」が明確に定義されていないので、事実であったり、原因であったり、適切に使えば、FPAと同じことができますが、直線的にしか解析できない(「他にないか」と横に広げていくなどの方法が示されていない)欠点があります。原因究明の結果を説明する(問題のストーリーを説明する)のには役立ちますが、原因を発見

する手法にはなりえません。

そこで、ここではFTAを用いて原因発見を行いますが、開発の初期に行った膨大なFTA解析とはまったく違います。もれなく項目を抽出するためのFTAではなく、対策すべき原因を発見するためのFTAなのです。

この場合も、**図9.10**に示したように、

- ア）頂上事象から順に、可能性のある原因を抽出していく方法
- イ）自分がもっとも重要と考える原因の系列をまず抽出し、それをチームで、下位事象から1つずつ否定して、他にないかという視点で横に広げていく
- ウ）チームで思いついたことを付箋に書いて、ボードに貼りつけていって、それを繋いでFPAを完成していく方法

が考えられます。このような方法をうまく選んで、チームで解析し、FTAを完成させましょう。

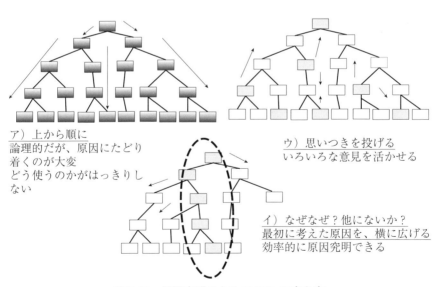

図9.10　原因究明のためのFTAの書き方

例えば、「照明が点灯しなかった」を頂上事象にして、イ)の方法でFTA展開(「なぜなぜ・他にないか」展開)を行った結果を図9.11に示します。

設計のため、FTAはそれぞれの事象に発生確率を付記した形で表現されますが、問題解決のFTAはその必要はありません。発生確率がわかっているということは、既知の要因だからで、今発見しようとしているのは未知の原因だからです。

各層の事象が全体を表しているかどうかは、抽出すべき要因が他にないかというチェックには使えますが、すべてを記載しなければならないものでもないし、原因として、考慮すべき要因が確実に、抽出されていればよいのです。私達は、お客様のために、早く正しい原因を発見することが大切なので、正しい仕事をしていることを証明することが必要なのではないのです。

FTAについても、各分岐点で、どちらの要因が重要か判断しなければなりません。どのようにしてそれを行うかを、各分岐点に記入してみ

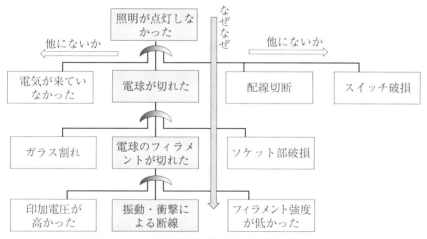

図9.11　FTAのための「なぜなぜ・他にないか」例

ましょう。

9.5 調査・再現試験

(1) 調査・再現試験は仮説が正しいことを証明する行為ではない

　FPA/FTAをもとに、真の事実は何か、真の原因は何かを調査し、調査できないことについては、試験を行ってそれを推測するというプロセスに入ります。せっかくFPA/FTAを作成したのに、これとまったく関係なく調査をしたり、再現試験をしたりするのでは意味がありません。FTAとかFPAは、ちゃんとやっていることを見せるだけのもので、問題解決とは関係ないと思っている人もいるようですが、それでは膨大なムダを生むことになります。

　FPA/FTAは問題解決のメンバーの気づきを引き出し、メンバーで共有し、問題解決の方向を決めていくものです。忠実にこれらを使って問題解決が効率的に進められるようにしなければならないと同時に、常に修正しながら、共有していかなければなりません。

　個人が問題解決を進めると、どうしても一つのストーリー・一つの原因に固執して、それが正しいという調査をしようとしたり、試験を構築したりしがちなものです。特に専門家はその轍を踏みがちだということは、先に述べたとおりです。それを避けるために、GD[3]問題解決プロセスでは、チームで議論をしながら、集中的な観察思考(専門家のストーリー)と、他にないかという視点から気づきを引き出して、効率的に問題解決を進めます。

　一見、他にないかと考えれば考えるほど仕事が増えてしまうように見えますが、それは従来のFTA解析のように機械的にすべての要因を書

きだそうとするためで、可能性の高いストーリーを中心に他にないかを議論していけば、決して膨大なものにはなりません。手戻りは大幅に減りますから効率的です。

もう一つ、重要な点があります。それは、FPA/FTAを描いて、必要な分岐点で、どちらが正しいのかという調査・再現試験を計画的に行うことです。再現試験として、開発のときにやった試験を闇雲にやる人がいますが、これは時間のムダです。なぜかというと、その製品はすでに開発のプロセスで顕在問題に対する従来の試験では問題がないことが証明されており、市場問題の原因の多くは**図 1.5 C** の潜在問題だからなのです。

どうしてもやりたかったら、潜在品質問題を考えた、新たな試験の一部として、そっとつけ加えるくらいでよいでしょう。再優先で考えなければならないのは、FPA/FTAの各分岐点で、どちらの推論が正しいのかを証明することです。

例えば、**図 9.12** のように2、4という数列があり、これが見えている事実だとします。次の数字、2つ次の数字がわかれば、この数列がどのような数列がわかるとします。当然、あなたは、2、4、6、8という数列だと思うでしょう。そのために、6という数字を入れます。これが再現試験、つまり6が正しいという試験を組み立てたことになります。そして、6が正しいと言う結果を得ます。そして念のため、さらに次の数字が8であるという試験をして、正しいという回答を得ます。その結果、2、4、6、8という数列が正しいという解を得ることになるのです。これが、仮説は正しいということを証明する試験です。答えは「2から始

図 9.12　この数列はどのような数列か？

まる偶数の数列」という結論になるでしょう。しかし、もし2、4の数列に対して、次に7という数字を入れたとします。実はこれも正解となりえます。さらに次に11という数字を当てはめても正解だという答えが返ってきます。実は、正解は「2から始まる前の数値より大きな整数の数列」だったのです。このような問題が、調査・再現試験で、常に起きているのです。FPA/FTAの解析で、他にないかをしっかり考えておくことと、FPA/FTAの一つの系列が正しいという証明をしてそれが正しいと思ってはならないということなのです。「他にないか」と考えた分岐点で、どちらが正しいかを判断できるような試験を実施しなければならないのです。

(2) 調査・再現試験の視点

　調査・再現試験の場合、私たちはその製品すべてが問題である、という証明をしようとしてしまいます。とりあえず、今生産中の製品が開発の試験条件を満足しているかどうかを試験しようとするのもこの考え方です。実際には、ある期間に製造されたものだけに問題があることもありますし、あるいは自社の製品のうち、あるモデルだけに問題がある場合もあるのです。また、その中でも、ごく一部のものだけに問題があることがほとんどですし、お客様の使用条件からいっても、すべての平均的なお客様ではなく、ごく限られたお客様の使用環境でだけ起きることもあるのです。ですから、普通に調査をしたり、普通に試験をしたのでは、問題は再現できないのです。これが、市場で発生する「そんなことが起きるとは思わなかった」問題、図1.5 Cの問題の特徴なのです。ですからFPAの考察にもとづいて、これが起きるという証明より、各分岐点でどちらか起きている可能性があるのかという調査・試験が大切になり、さらに、ほかの製品で問題が起きず、その製品で問題が起きることを証明するには、製品ごとの比較試験が大切になるのです。つまり、

分岐点での比較と、問題の製品と他の製品の比較という二重の比較が必要になりますが、実際にはそのようなことをせず、問題の製品を、問題と思うストーリーで調査・試験し、再現しないといって困ったり、たまたま再現したといってそのストーリーだと決めつけて失敗するのです。また、再現しないとばらつきだと言って、調査・再現試験結果を無視したりするのです。この段階で、ばらつきという言葉を安易に使うことは厳禁です。

　実は、原因解析でそれらしい原因を見つけ、問題発生のストーリーを創ることは、それほど難しくないのです。例えば、「想定以上の力がかかったので壊れた」などのストーリーを創ったとします。その時に大切なことは、「どうすればそのような力がかかるのか」「そのような力がかかったのは事実か」と、「他のシステムはどうして壊れないのか」を説明できなければなりません。他のシステムとは、自社の他のシステムや、他社のシステムであったりと、広く比較対象を求めなければなりません。リスク（差）は何だったのかを明確にすることによって、本当の原因、想定していなかった問題は何だったのかを明確にしなければなりません。それが、事実の発見、原因の発見ということなのです。このことを疎かにして、そのシステムの問題がだいたい説明できればそれで問題解決は終了、としてしまっていることが多いのです。

　問題解決の報告を聞いていると、そのシステムで問題が起きた理由は説明しますが、他のシステムと何が違ったのか、何を変えたからこの問題が起きたのかの説明がまったくないのです。これでは、それを再発防止や、次の設計につなげていくときに、何を変えるとどのような問題が起きるのか、という知見につながっていかないのです。ただ、「大きな力がかかると壊れるので、注意する」程度の知見を重ねることになるのです。

9.6 本対策案の発見

(1)「どうすべきか」を考えるのは、論理的展開の帰結ではない

　FPAもFTAも完成し、それにもとづいて調査、再現試験も行われ、真の事実、原因がわかったとします。いよいよ本対策のステップです。このとき、多くの人は、原因を裏返して対策するでしょう。しかし、ちょっと待ってください。対策案も発見なのです。いや、これこそ発見が大切だと私達は理解しているはずです。

　みなさんは、新しいアイディアの発想、新しいシステムの発明といったときに、当然のこととして、創造性が大切だと理解しているでしょう。今がそのタイミングなのです。しかし、実際には原因を裏返した対策でお茶を濁しているのが現状なのです。第1章で紹介した社長の不満も、実はこのステップをしっかりやっていないことに起因しているといえないでしょうか。

　『「ひらめき」の設計図』[4]の中で、久米氏は「何があるのか」ではなく「どうするのか」を考えるべきということを、

「『どうすべきか』と言う問に対する回答を作り出す過程は、それができ上がったあとで第三者的に見ればいかにも科学的過程であるかのように説明できるけれども、その答えを作るべく苦闘する当事者の心は論理的思考を用いているわけではないということは普遍的なことであるようです」

と述べ、さらに、神山春平著『仏教の思想2』[19]を引用して、

第9章 問題解決

「…学問の道は基本的な特質が客観的となる点にあるのに対して、宗教の未知の特質は主体的となる点にある。客観的な道は対象に通じ、主体的な道は決断に通じる」

「この2つの道は、一方が『何であるか』と言う客観的な関心に基づく問を出発点とするのに対して、他方は『何をなすべきか』と言う主観的な関心に基づく問を出発展示している」

と述べています。真の原因を究明していっても、それは、「何があるか」を追求していることで、技術的な知見が得られるかもしれませんが、そのまま対策に結びつけられるわけではありません。お客様を待たせて、対策方法を求めている段階では「どうするのか」が大切なのです。「どうするのか」が私達の問題解決の基本になければならないことを、常に忘れてはなりません。お客様のために、いかに「どうするのか」の答えを得るのかが、問題解決のプロセスなのです。それを GD^3 問題解決プロセスでは、事実をもとにしたFPAによって、暫定対策を実施するまでは「どうするのか」を全面に出して考えます。さらにFPA/FTAを使って原因究明を行いますが、ここで、意識していないと「どうするのか」を忘れて「何があるのか」に走ってしまう危険性があります。意識して「どうするのか」を忘れないようにする必要があります。しかし、「何があるのか」をまったく忘れてよいかというと、このあと、新しい技術の獲得に繋げていく(再発防止)とか、次の開発で、新しいシステムを開発することを考えると、「何があるのか」の追求も忘れてはなりません。GD^3 問題解決プロセスでは、本対策前にFPA/FTAで「どうするのか」と「何があるのか」の両方を追求して、本対策の段階でもう一度「どうするのか」を広く考えます。それが「本対策は原因の裏返しではない」の理由なのです。

「どうするのか」という視点を忘れ、「何があるのか」に走らないため

に、常に「他にないか」をチームで議論し、解析を進めますが、一つの解析に入り込むと、「他にないか」と考えても、つい、自分達の経験に縛られ、気づかないことは多くあります。ある方向を定めて深掘りを進めていくこと（Good Dissection）と同時に、「他にないか」という議論を徹底して行い（Good Discussion）、気づき（発見力）を高めることは、FPA や FTA を行うときだけでなく、対策案を決めるステップになっても必要なことなのです。それによって、「何があるのか」と同時に「何をするのか」を引き出して行くのです。

(2) ここでも発見力を使う

　事実の把握と共有の段階では、「他にないか」をチームで議論し、気づき（発見力）を高めました。原因の究明の段階でも、「他にないか」をチームで議論し、気づき（発見力）を高めました。対策の立案の段階でも、「どうするのか」という視点で、気づき（発見力）を高める必要があります。「原因を裏返したものが対策ではない」、この言葉を忘れてはなりません。これまでの FPA/FTA を目の前に置き、どこの要因に対策するか、どのような対策をするかを、チームで議論します。当然、「他にないか」という視点で対策案を考えていきますが、そのときの助けになるのが、4.3 節で述べた COACH 法 AH^3 の中の 200 案発想です。安易に、原因を裏返したものを対策とせず、画期的な対策を発想する（気づく）ために、数値目標を設定したものです。

　原因究明をミクロな方向へ追究していくと、この問題に対しては確実な対策ができますが、効果は限定的になります。一方、マクロの方向に追求していくと、広範な効果が期待できますが、効果は曖昧になります。お客様の期待に何が沿えるのか、何をするのかを、幅広く 200 案発想しなければなりません。ベースは、これまで行った FPA/FTA です。その各項目を裏返すのではなく、その事実をもとに、それらとの結合を広

げていくのです。

　この結果から、いくつかの対策を抽出し、その得失を比較し、最終的な対策を決めます。このとき、それらの対策に対して、背反する事項を発見することが大切です。ここでまた DRBFM/DRBTR を用いて、新たな問題発見を行うことが欠かせません。

　また、この議論を再発防止や新たなシステムの開発に活かしていくことを、同時に考えることも大切です。今のシステムに対する対策と、これからのシステムをどうするのかは同じ議論の中で見えてくるからです。しかし、この議論を安易に再発防止やこれからのシステムの議論に傾けてはいけません、なぜなら、お客様は今のシステムを直してくれるのを待っているからです。すでに暫定対策は打っているのだから、本対策はスキップして、楽しい、次のシステムの議論にしようと思ってしまうのは厳禁です。

9.7　早く実行へ（対策の実施）

　対策を実行に移す場合、設計部署から生産部署に、あるいは OEM からサプライヤーに仕事が受け渡されます。この間に Engineering Work Order 会議のようなゲートを設けて、受け渡しする場合があります。つまり、この会議を境に、前工程である設計の仕事は終了し、製造サイドの仕事が始まるのです。正しい対策を、確実に引き継ぐには欠かせないゲートだと考えられています。しかし、私達の開発のプロセスでは、当たり前のように Simultaneous Engineering といって同時並行に開発と生産準備の仕事が進むようなプロセスを成立させています。それが日本の製造業の強さにもなっていましたし、今では世界中の製造業がそれを学んでいます[20]。それならば、問題に対する対策実行の際も、できる

だけ、設計業務と製造業務を並行させる（Simultaneous）ことができるのではないでしょうか。そうすれば、お客様に早く対策品を提供することができるのです。これまで、時間単位、日にち単位で早い問題解決を進めてきたのに、ここで一気に月単位になってしまっては、せっかくの努力が無意味になってしまいます。もちろん、曖昧な情報で生産準備を始めて、失敗したときの損失が大きくなるといって、前工程も後工程も気が進まないでしょう。お客様のために…を忘れているのです。問題解決の段階から生産準備部署が参画して、どの時点で何ができるかを共有していくことが大切です。

9.8 問題解決の振り返り

　私達は、対策結果のフォローをどれだけ真剣にやっているでしょうか。対策をやったら問題解決の仕事は終わり、と考えていないでしょうか。お客様のためにも、自分達の技術力を向上させるためにも、対策効果の確認は、必ず行うプロセスと考えなければなりません。

　もちろん、効果が十分でなければ次の対策を打たなければなりません。暫定対策と本対策で、どのようにクレームが変化したのかを確認し、フィードバックしなければなりません。

　さらに大切なことは、問題解決のプロセスを振り返ることです。私達は、問題を起こした原因を究明して、それを織り込んだプロセスに対して、再発防止策は講じます。しかし、問題解決のプロセスが良かったのかどうかは「問題が解決したのだから良いではないか…」ということで、振り返りは行われないのが一般的です。それでは、問題解決力は向上しないのです。問題発見は良かったのか…に始まって、問題解決プロセスに従って、良かったことは何で、うまく行かなかったことは何か、どう

やって問題解決力・発見力を向上させていくのかについて、具体的提案をし、実行しなければなりません。それが問題解決力・発見力の向上に繋がるのです。問題解決力の現状把握⇒問題発見により、Continuous Improvement を成立させるのです。

9.9 再発防止と横展

（1） 失敗のもとをとる

　ジェームズ・コリンズ著『ビジョナリー・カンパニー2　飛躍の法則』[21]に、以下のような事例が紹介されています。

> 　1978年に、フィリップ・モリスはセブンアップを買収したが、8年後に売却し、損失を計上した。（中略）フィリップ・モリスの経営幹部にインタビューしたとき、各人がこの失敗について、自分の意見を述べ、おおっぴらに議論するのに驚かされた。惨めな大失敗を隠すどころか、病気を治すには話す必要があると感じているようだった。（中略）セブンアップ買収失敗の分析には、延べ数百時間が費やされている。しかし、この目立った失敗について議論する中で、失敗の責任者が誰なのかは、まったく話題になっていない。もっとも、一つだけ例外があった。カルマン（CEO）が鏡の前に立って、失敗の責任はこの人物にあると、自分を指差しているのだ。（中略）カルマンは、セブンアップの失敗に対する同社の姿勢を確立した、この間違った決定の責任は自分にあるが、高い授業料を払って得た教訓を最大限に引き出す責任は全員にある。

みなさんは、リコールなどの問題に対して多大な費用を払っているはずです。その際、そこから全員がどれだけの教訓を得ているでしょうか。責任者が反省したり、処分されたりするだけでは、とても損失のもとはとれないはずです。

問題を起こすと罰せられるということについては、すでに3.3節で述べたとおりです。むしろ今の会社の組織では、責任の所在は非常にわかりにくい仕事のシステムになっているので、管理責任という形で無理やり責任者を作り上げて、外部に対して問題の幕引きをしようとしている、といってよいでしょう。結局、忌まわしい経験は早く消し去るのが良いと考えているのです。フィリップ・モリスの例のように、そこから全員が学び取るなどということはまったく考えていないのです。

会社の中で問題を発生させた部署に対して、他の部署が「この経験を共有して自分達の職場でも活かしたいので、詳しく教えてほしい」などと言ったらどうなるでしょうか。「本件は重要な機密事項だから教えられない」「余計なことをするな」で終わりではないでしょうか。しかし、このような部署でも、「再発防止と横展はしっかりやりました」と報告するに違いないのです。

私達は再発防止と横展という行為の意味をひどく誤解しているのです。

(2) 「問題に気づかなかった」ことに対する再発防止を

再発防止策を考えるときに、まずその問題を発生させた本人、または部署に再発防止策を考えさせることが多いでしょう。しかし、彼らはまず自分の責任だとは思いたくないのです。「それなのになぜ再発防止をやらなければならないのか…」と思います。そして、できるだけ簡単にその場を切り抜けたいと思うのです。

ある問題に対する再発防止の事例です。

- ○○を設計のチェックシートに加えた

- ○○評価方法を見直した
- 設計の際、FMEA・FTA を実施するときには各部署から多数のメンバーで要因を洗い出して検討し、抜け落ちを防止する
- 試験確認時は関連するデータ、センサーデータを計測し、解析する
- 設計担当と試験担当で試験結果レビューを実施し、問題の有無を判定する

これはどんな問題に対する再発防止にも使えますが、これでは実際には何も変わらないのです。これで何が進歩すると思いますか。設計者と試験技術者がやるべきことが書いてありますが、振り返る人はそれだけでよいでしょうか。

サプライヤーと問題解決を行った場合、再発防止をサプライヤーだけに押しつけていないでしょうか。OEM サイドの振り返りは不要でしょうか。

以下で再発防止を行う場合の要件をまとめてみたいと思います。

9.6 節で述べた対策案の中には、そのまま再発防止策になるものもあるでしょう。しかし、9.6 節まではお客様に対する対策を早く実施することを中心に考えていますので、再発防止策としてはもう少し広く考えなければならないでしょう。例えば、社内の仕事の分担とか、仕事のプロセスにかかわるような要因は、十分抽出できていないかもしれません。

ここでもう一度、再発防止策を発見するプロセスが必要になります。その際の視点の一つは、9.6 節と同様、FPA・FTA の結果ですが、もう一つの側面が必要があります。

再発防止を行う場合、以下の様な視点で考える必要があります。

- 技術
- 仕事の仕組み
- 情報の受け渡し

- 人の育成

これを、問題を起こした人だけに押しつけるのではなく、以上の各項目を「問題の織り込み」「問題への気づき」の両面から振り返ることが必要です（**図 9.13**）。

問題の製品はたくさんの人の前を通っていたはずです。「なぜ、それに気づいて、問題を起こした人を助けることができなかったのか」、それが、「問題への気づき」という視点です。これは、問題を起こした人への責任追及になるのを避ける意味でも、「発見を仕事の中心に持ってくる」意味でも重要なことです。ここでいう気づきとは、「実験で見つからなかった」ということではなく（実験で見つからなかったのは、問題を織り込んだ側で考える）、関係者（上司、レビューアー、関連部署の人々）がなぜ気づかなかったかという視点で振り返るということです。これが、高い授業料を払って得た教訓を最大限に引き出すということに繋がるのです。

9.6 節で述べたことと同様に、ここでもマクロな再発防止策とミクロな再発防止策の両面から考え、どちらかに偏っていないか考えなければなりません。「他にないか」とか 200 案発想のような考えで、広く考え

	なぜ問題が発生したか（作り込んだか）	なぜ問題が発見できなかったか
技術		
仕事の仕組み		
情報の受け渡し（連携）		
その他特記事項（人の育成など）		

図 9.13　再発防止の視点

ることが必要になるのです。もちろん、このようにして発見した再発防止策をすべて実行しなければならないわけではありません。効果的なものを選んで、実行に移すことが大切です。

　本来、高い授業料を払って得た教訓は、その都度共有され、それらが繋がって(Continuous Improvement)確実な進歩に繋がらなければなりません。しかし実際には、**図 9.14(B)**のように、毎回の再発防止が繋がらず、単発でゼロに戻っているのが現状です。それでもだんだん良くなっているのだからいいではないか、という漠然とした期待で、同じ再発防止を繰り返しているのです。思い切って、同じ再発防止策を2度繰り返してはいけない、というルールを作ったらどうでしょうか。ある限られた職場の中ではそれはできるかもしれませんが、それを会社全体で行うことが重要です。そのためには、再発防止の横展を確実に行わなければなりません。さらに、そのためには問題を全員が共有しなければなりませんし、それが高い授業力のもとをとることに繋がるのです。

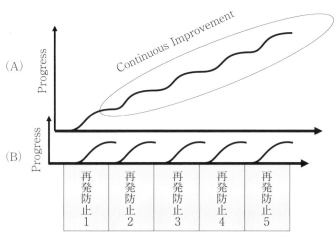

図 9.14　再発防止を Continuous Improvement に繋げる

(3) 情報は必要な者が取りに行く

　トヨタ生産方式では、後工程引取、つまり、後工程が、必要なものを、必要なときに、必要なだけ取りに行く、ということを、Just In Timeの原則にしています。この原則は、情報の受け渡しについても共有されています。情報を後工程に送るとき、いくら良い情報でも、受け取る人がその情報に必要性を感じていなければ、右の耳から左の耳に抜けていきます。情報も、送り手と受け手が、Just In Timeの関係でやり取りできるのが理想です。送り手が、どんどん後工程に情報をプッシュアウトしていったのでは、Just In Timeにはなりません。そこで、後工程引取の「情報は必要なときに、必要な者が取りに行く」という原則が必要になるのです。しかし、前工程にどんな情報があるのか知らなければ後工程は情報を取りに行きません。とんでもないときに後工程が情報を取りに来ても、前工程は迷惑です。後工程がその情報を必要と感じるときと、前工程が送りたいときが一致しなければならないのです。

　前工程は、情報を持って、ただ後工程が来てくれるのを待つのではなく、後工程がその情報を必要と感じるような仕掛けが必要です。トヨタ生産方式を構築するとき、スーパーマーケットのシステムに学んだように、情報の受け渡しでも、後工程引取りをうまく行うための工夫が必要になります。

　まず、情報は必要な者が取りに行くという原則を社内で共有する必要があります。「情報をもらっていないからわからない」という他責は許されないのです。一方、情報の送り手は、いつ後工程が情報を取りに来ても対応できるように準備しておくことだけではなく、後工程が情報を取りに来るように仕向けなければなりません(スーパーマーケットのシステム)。ここにこういう情報があります、ということをオープンに後工程に知らせなければならないのです。つまり、後工程が情報に興味を

持ってくれるような仕掛けが必要なのです。

　何かの問題をきっかけに、「一斉見直し」を行うことがあります。例えば、シャシー部品のシール構造で失敗したとき、ボディやエンジン部品で使っているシールが本当に正しく設計されているかどうか一斉に見直す、という活動です。そうすれば、各部署はどうしても最初のシャシー部品のシール構造の問題がどんな問題だったのかを知らなければなりません。そして、その情報を、興味を持って取りに行くのです。このような仕掛けなしに「ただ、興味を持って取りに行け」と言っても、誰も自ら情報を取りに行く気にはならないのです。

　これが「一斉見直し」の目的なのです。これを機会に、情報が本当の意味で横展されるのです。

　再発防止策を立てた人が、組織の中の横の人に展開するのが横展だと思っている人もいますが、それは横展とは言いません。組織、部門を超えた人達に展開するのを横展というのです。しかも、それは、今は興味のない人達に押しつけるのではなく、興味を持ってもらえるように仕掛けをして、取りに来てもらうのが横展なのです。情報をイントラネットで広く配布するのは、横展とは言わないのです。

9.10　GD^3 問題解決プロセスのまとめ

　GD^3 問題解決プロセスのステップは、第 0 ステップの問題発見があり、いろいろな項目に発見と記されている以外は、今までみなさんがやっている問題解決のステップと変わりません。その意味で、「こんなことはもうわかってやっている」と思われる人もいるでしょう。それでは、ここまで読んできた意味がありません。一度、みなさんが過去に行った問題解決をこの GD^3 問題解決プロセスの視点から振り返ってください。

GD^3 問題解決プロセスを適用していたら、各ステップがどのようになったかを明確にしてみてください。そして、両者の間の差を理解してください。それが理解できたら、次の問題解決の機会に最初から、GD^3 問題解決プロセスのステップを追って、問題解決を行ってください。そして、必ず振り返りをやって、問題解決技術を上げていっていただきたいと思います。これらを行わないで、知識だけでできると思っても、すぐに忘れてしまい、またもとの問題解決に戻ってしまいます。

第10章
発見力を活かす組織をつくる

10.1 組織のカルチャーをつくるのは誰か

　ここまで読んでくださったみなさんは、発見を仕事の中心に持ってきて、発見力を活かすというのは、手法ではなく、カルチャーに大きく依存していることに気がつかれたと思います。

　カルチャーというと、自分にはどうしようもない、漠とした、変えようのないものと考えていないでしょうか。もちろん、一人ですぐに変えられるものではないのは当然ですが、変えようと意識し行動すれば変えていくことは可能です。拙著『想定外と言わない組織をつくる 全員参画型マネジメント APAT』[(3)]の中で、それを部長の仕事と定義しました。すなわち、部長の仕事を、

- 全員が組織を超えた関係者と協力して問題を発見し、価値に変換する、価値創造に熱狂するカルチャーをつくる
- 現状(事実)を的確に把握し、ありたい姿に向けて自らの理念に基づいて、組織をリードし改革(ブレークスルー)する

と定義し、その必要性を示したのです。しかし、それを APAT Management 教育の中で部長達に実行してもらうと、大変苦戦するのがこのカルチャーをつくるという項目です。もちろん、日頃から自分の考えや性格を全面に出して部下をリードしている部長の組織は、はっきりと変わっていきますが、忙しく働いている部下達に訳のわからない変革を迫るのは、腰が引けてしまう部長が多いというのが実情でしょう。

　では、部下達はこのままでいいと思っているのでしょうか。決してそうではないのです。管理ばかりの毎日に疲れ果てているのです。管理を減らして、創造性を高めることは大賛成なのです。しかし、管理を減らしてくれなければ創造性を発揮する気にもならないのです。

　日本の企業の部長達の中には、マネジメント能力を評価されて部長になっているというよりは、担当者としての仕事の処理能力（早さ、正確さなど）が高いということを認められて、いつの間にか部長になってしまったという人が多くいます。そういう人達は、部長になっても担当者のつもりで、目の前の仕事を処理することを第一に考えてしまいます。ひたすら上司からの宿題を部下に降ろさずに、自分でさばいて、部下たちの防波堤になることによって、自分の存在意義を見出している人もいます。それは一見部下に自由にのびのびと仕事をさせているように見えますが、部下はばらばらに右往左往しているだけです。

　そこで、部長は決められた管理（チェック）をしっかりやろうと考えを変えます。上司からの宿題を部下に流して、結果を管理するだけの存在になってしまうのです。それが、今のがんじがらめの仕事の始まりになるのです。

　いずれにしても、部下達が問題を発見して価値を創造するようなカルチャーを部長自身がつくるという考えは、今の部長達にはありません。部下に指示しチェックすることは考えますが、部下が自ら問題発見を行うように動機づけすることができないのです。

　部下に仕事をしてもらうとき、指示が曖昧だと、期待した結果が得ら

れません。出てきた結果に細々とダメ出しをすると、部下は「最初からちゃんと指示してほしい」と思います。そこで、5W1Hを明確にしてちゃんと指示する上司が良い上司だということになります。言葉だけでは確実に伝わらないので、書きものにして渡す人もいるでしょう。しかし、これで正しく部下が結果を出してくれるかというと、そうはなりません。これでは部下が動機づけられないのです。上司は部下に自分が思ったとおりの仕事をしてくれることを期待し、部下は言われたとおりの仕事をするのが正しいという関係を保つなら、部長はいらないのです。指示コンピュータと実行部隊があればいいのです。

　部下がその仕事をしたい、と思うように仕向けるのが動機づけです。そのためには、部下の気づき、発見力を刺激することが大切です。つまり、部下が仕事の中で発見する余地をどのように与えるかです。図1.5 Bの部分は、明確な目標を与えることが大切です。それは指示命令でも何とかなりますが、図1.5 Cの部分は指示命令では部下は動きません。図1.5 Cの部分で部下の発見力を期待していることを伝えることが動機づけになります。さらに、部下の成果に対して上司が発見力を活かして価値を高める、という次のサイクルへの動機づけが必要です。ここで、上司と部下のコミュニケーションと仕事に対する考え方の共有、すなわちカルチャーが必要になるのです。

10.2 動機づけと自主活動

　上司が部下に仕事を与えるとき、部下の発見力を刺激するように話しかけ、結果的に上司が期待する結果を具体的に出したい、という部下の気持ちを引き出すのが動機づけです。しかし、これは仕事に対するコンセンサスがまったくない所では、成立しないか、非常に非効率なことに

なるでしょう。そこで、このようなコミュニケーションの常識を部下との間で共有できていなければならないのです。結局は、それを日頃の上司と部下のコミュニケーションの中で構築していかなければならない（On the Job Training）のですが、大勢の部下を持っている部長が、部下一人ひとりとコミュニケーションを取れる機会はそれほど多くはないかもしれません。しかし、部長にとっては少ない機会でも、部下にとっては貴重な機会になります。部下は、部長のぶれない考えを汲み取ろうとしています。部下に、指示するだけでなく、部下の考えをよく聞き、さらにそれを価値の高いものにすること、部下の成果に対して発見力を使って価値を高めて部下を助けること、それをしっかり示すことが第一歩です。

　もう一つの施策として、部下たちが自主的にカルチャーを学びとるように仕向けることも重要です。例えば、製造現場の人たちにはQCサークル活動などの自主活動があります。このような機会を捉えて、自主的に問題を発見し、改善を行うカルチャーを醸成しています。しかし、これをスタッフ職場の現場に持ち込むのは、意外にうまく行きません。それは、製造現場がQCサークル活動を行う場合、日ごろの仕事とは違う視点から始まって、やがてそれが製造現場の仕事と同様に大切なことだ、という理解を醸成できるところに、成長や変化を感じられるのです。しかし、スタッフ職場がQCサークル活動を行う場合、今現実にやっている仕事（問題解決）とQCサークル活動の問題解決の違いが曖昧なまま、ただ今の仕事を別の名前でやらされているという感じから抜け出せないので、成長や変化を感じられないのです。

　そこで、スタッフ向けのQCサークル活動として、技術KI計画（Knowledge Intensive Staff Innovation Plan）[22]という手法が考案されました。これは、スタッフの現場で一番理解し、共有しやすい「仕事のスケジュール」をもとにして、その問題点に気づき、協力して問題解決

をしていくもので、スタッフ現場の活性化と同時に、発見を仕事の中心に持ってくるカルチャーの醸成に役立つと思います。仕事のスケジュールは当然スタッフが立てて仕事をしていると思われがちですが、多くは上司から一方的に締め切り（目標）を与えられて、それだけを目指して頑張っているのが現実です。自分達で細部の仕事のスケジュールを立てて仕事をするのは、新鮮な経験になります。そこから、それを実行するうえでの問題をチームで発見し、それを解決していくプロセスで、発見力を身につけることができるのです。

　そのときに大切なことは、部長が自ら期待しているカルチャー（発見を仕事の中心に持ってくる）を、現場がKI活動を通して共有していくように、ドライブをかけることです。部長が現場の活動に積極的に関わらないと、KI活動やQCサークル活動はすぐに形骸化して、消えていきます。部長が積極的に関わるといっても、賞を取るように尻を叩くのではなく、自分が展開したいカルチャーの醸成を部下たちが自主的に活動してくれている、という感謝の気持ちで、活動をリードし、助けなければなりません。

10.3　ムダ取り、カベ取り

　APAT Managementの部長研修では、ムダ取り・カベ取りという活動から、カルチャーの醸成に繋がる研修をしています（**図 10.1**）。

　一般的なムダの定義は、「価値を生まない行為」です。私達は、お客様の価値を最大にするために仕事をしています。**図 1.5**に示したように、常にお客様の期待を満たすべく、問題を発見しようとしているわけです。ですから、本書では、「お客様にとっての価値を生まない行為」をムダと定義します。もう少し具体的に、身近に考えられるように「後工程で

178　第10章　発見力を活かす組織をつくる

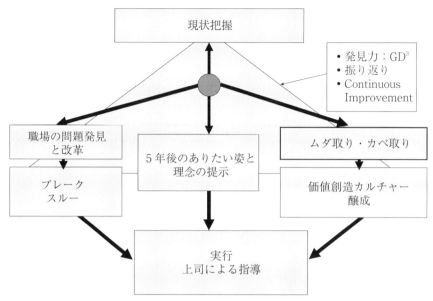

図10.1　APAT Management 研修のプロセス

価値を生まない行為」をムダと定義して、ムダ取りを行います。「後工程はお客様」ですから、後工程との間のカベを取り除くことが、「お客様との間のカベを取り除く」ことにつながるというわけです。図10.2 に示したように、私たちは後工程のことを、何も知らないのです。それを知り、後工程との間の問題を見つけるためにも、スタッフ職場ではこの定義が重要になるのです。

　これを部長が部員全員に説明し、ムダを発見し、それを取り除くように指示します。部員達はチームに分かれてムダ取りの議論を始めますが、最初に出てくるムダは部長の期待とはまったく関係ないもので、自分の不満をムダと言ってきます。部下達は、皆ムダということに自分なりのイメージを持っていますので、「またか」「まあ言われたから、適当にやろう」と思うのです。ここで、部長は「一方的に指示しただけの仕事は決して期待どおりの成果を生まない」ことを理解するわけです。そこか

図 10.2　私達(前工程)は後工程のことを何も知らない

ら、「動機づけ」を学び、自分なりの手法を考え出し、実行するわけです。

　ここで、前工程、後工程というのは、仕事の前工程、後工程だけでなく、いろいろな視点で捉え、情報を出す側を前工程、受け取る側を後工程と考えます。そうすると、部長が指示するときは部長が前工程、部下が報告するときは部下が前工程になります。つまり、情報を与えるときに、相手のことを考えて与える、つまり動機づけが大切になるのです。さらに、価値を生まない管理のための管理のような行為は、ここで削減することができます。よく、必要ムダというような言い方で、ムダな行為を容認することがありますが、ここでは決して必要ムダは許されません。情報を受けたかったら、そこで確実に情報の価値を高めなければならないのです。

　後工程へ情報を送る場合、前工程は単に必要事項を伝達(説明)するのではなく、後工程との間で「情報の問題を発見し、価値に変換する」ことにより、情報を共有することができるのです。

　つまり、情報を受ける側から見ると、情報を受けるときに、必ず問題

を発見し、価値に変換するカルチャー、つまり、「発見を仕事の中心に持ってくる」カルチャーが醸成されるのです。

10.4 振り返り

　レビューアーの心得(6.4節)や、GD^3問題解決プロセス(9.8節)で述べたように、「発見」は人の脳を使う行為ですから、必ず成功するというものではありませんが、失敗を放置すると、「発見力」が向上しないだけでなく、どんどん低下していきます。それを食い止め、「発見力」を向上させる鍵は「振り返り」です。しかも、一般的に行われているような、「発見できなかったから、しっかり管理する」流の安易な振り返りでは、結局「発見力」は向上しません、なぜ気づかなかったのかをチームで真摯に振り返る習慣を身につけることは、発見を仕事の中心に持ってくるうえで、欠かせないことです。

　一般に、振り返りを行う際の鍵はPDCAといわれています。PDCAについては3.1節で少し触れましたが、ここで、もう一度考えてみたいと思います。

　PDCAはもともとアーウィン・ブラウン[23]が企業のマネジメント活動のサイクルとしてPDS(Plan-Do-See)というサイクルを示したのが最初でした。これに対して、日本の品質管理の先達が「Seeだけではただ見るだけなので、次の活動につながらない」ということから、SeeをCheckに変え、それをもとにしたActを加えたという話が伝わっています。CheckしてActする、というのは、管理の基本ですから、それはそれで有効な改善だったと思います。今や、PDCAは世界的な標準語になっているのです。しかし、3.1節で述べたように、Cを目標との乖離のチェックと考えて繰り返すと、重箱の隅をつつくようなチェック

になり、進歩が望めません。そこで、問題を「あるべき姿との乖離」のように定義してチェックするように変えているのが現状です。しかし、Planで「あるべき姿」が具体的に定義されていないこともあり、チェックは曖昧になってしまいます。そもそも、チェックという言葉に、この行為はそぐわないのです。

　本書では、問題を「お客様の期待からの乖離」と定義しました。お客様の期待からの乖離という問題は、潜在問題が発見できたかどうかが重要ですので、目標達成を重点に考えた従来のPDCAによるマネジメントでは十分ではないのです。そこで、筆者はもう一度、アーウィン・ブラウンのPlan-Do-Seeサイクルに戻って考えてみました。そして、そこに加えるべきはFind(発見)ではないかと考え、PDSFによるサイクルを回すというGD³ Managementサイクル(**図10.3**)を提案しました[3].
PDSFはPlan-Do-Go & See-Findです。PとDは従来のPDCAのPとDと同じです。SはGo & SeeなのでGとすべきかもしれませんが、もとにしたのはPlan-Do-Seeサイクルであることを明確にするために、Sを用いました。Go & Seeは「現地現物」、つまり事実にもとづいた現状把握です。

　ここにあえて現状把握を持ってきた理由は、従来のチェックではどうしても最初に設定した目標との差をチェックしてアクト(修正)するよう

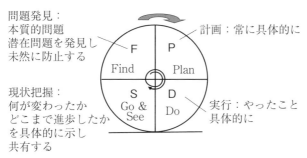

図10.3　GD³ Management サイクル PDSF

になり、設定した目標を超えることができず、次のサイクルのPでまた最初からやり直すことになってしまうのを防ぐためです（図10.4）。PDCAは頻繁な改善ではありますが、Continuous Improvementになりにくいのです。

Continuous Improvementにするには、前の改善が、次の改善に確実につながらなければなりません。前の改善の進歩を確実に確認して、次の改善に繋げなければならないのです。そのためには、Checkではなく、そのステップで、もう一度どこまで進歩したのかを現状把握をしなければばらないのです。

そして、そのレベルから次の進歩をスタートさせるために、問題を発見し次のサイクルの計画を立て実行することがPDSFサイクルになるのです。つまり、振り返りは常にこの考え方で繰り返されないと、図

a) PDCA

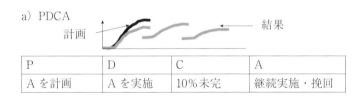

P	D	C	A
Aを計画	Aを実施	10%未完	継続実施・挽回

b) PDSF

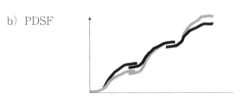

P	D	S	F	P
Aを計画	Aを実施	何が変わったのか	次への課題	Fを背景にした次の実施事項
		良かったこと	成功の真因	
		失敗（10%未完）	失敗の真因	

なぜなぜ/他にないか

図 10.4　PDCA と PDSF

10.4 b)のような Continuous Improvement にならないのです。

　振り返りを Continuous Improvement に繋げる鍵は、PDSF サイクルを確実に回すことです。これを発見力を活かす組織づくりに活かすことができます。

付録

私達はどこで間違えたのか？

i 頻発する問題

近年、自動車メーカーの不正排気コントロールソフトウェア導入、燃費偽装、自動車サプライヤーのエアバッグ不良、防振ゴムメーカーの試験データ偽装、建設会社のデータ改ざん、製薬会社の工程不正、電機メーカーの不正会計処理など、お客様に心配をかける大きな問題が続いています。会社のトップは「こんなことが起きるとは思わなかった」問題でしょう。しかし、お客様の期待を大きく損ねる問題でした。まさに、図 1.5 C の問題だったのです。

もちろん、これらの問題を作り込んだときの会社の姿勢は、大きく違うものもあり、一つに扱うことはできないところもありますが、これらの問題の背景には共通の要因があるのではないかと思います。

以下は、このような問題の詳細を皆様に伝えるのが狙いではなく、このようなことを引き起こす要因は、皆様の周りにもあり、それを払拭しなければ、いずれはこのようなことが起きる可能性があることを伝え、そこから脱却する一助にしていただければと考え、著したものです。

上記の問題のうち、エアバッグのような問題は、結果としては非常に悲惨な大きな問題ですが、それを織り込んでしまった時点では、「そのようなことが起きるとはまったく思っていなかった」ような問題で、法規に触れるようなことを行っているという意識はまったくない、想定外の問題だったのです。筆者は、GD^3はこのような問題を未然に防止するために提供してきたもので、そのまま適用できる問題だと思います。

一方、それ以外の問題は、根底に他人を欺こうとする意識があり、このような問題を他人の力で未然に発見しようとするのは、非常に難しいと考えていました。したがって、GD^3の考えを、強いてこのような不正行為が根底にある事象の未然防止に当てはめようとは考えてきませんでした。だからといって、このような問題を管理で防止することができないのは、多くの事実が示しています。

しかし、これらの問題を詳細に考えてみると、問題が発覚した時点以前に、そのような結果になる背景があり、そこでは欺こうとか法規に反する行為をしているという意識はあまりなく、普通の仕事として不正が行われていたのではないか、ということに気づきました。そして、これらの問題が起きた時点でも積極的に不正をしているという意識はなかったかもしれないのです。それならば、「そのようなことが起きるとは思わなかった」という、想定外の問題の一環として、未然防止することが可能なケースもあると考えられます。

ii 問題発生の背景にある大企業病

私達の周辺のいろいろなところで、Sカーブ(ロジスティックカーブ)に従う現象が見られます。セオダー・モーディスは著書『予測学入門』[23]の中で、多くの現象が、Sカーブで表されることを紹介していま

す。筆者は、企業や技術の世界でも、黎明期・成長期・飽和期と進むこのカーブ(**付図1**)から見えてくることが多いことを示し[1]、特に、この最後の部分飽和期に注目して、この時期のマネジメントのあり方を提案しました[3]。この飽和期には、いわゆる大企業病が蔓延しているので、それを払拭し、次のブレークスルーに導くマネジメントを APAT Management という言葉で表したのです。

大企業病は、インターフェースの脆化で起きる組織劣化症状で、

- 指示待ち
- 責任の外に目を向けない
- 実行に時間がかかる
- 言い訳をする

という、典型的な4つの症状があります。

冒頭に書いたいろいろな問題の背景には、このような症状があったことは頷けると思います。

かつての日本の企業では、経営者が飽和期に安住してしまう傾向があり、飽和期から抜けだそうとする意識・方策が足りないという問題があ

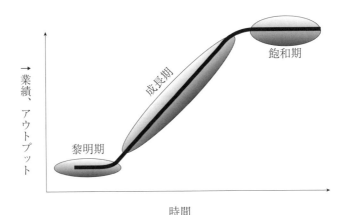

付図1　Sカーブの黎明期―成長期―飽和期

りました。

　一方欧米では、経営者は常に企業を成長させていなければならないという株主からの圧力が非常に強く、優秀な経営者は、飽和期に入る前に企業をリストラクチャリングし、そこからまた飽和期まで成長させることにより、命脈をつないでいます。最近は、日本の経営者も欧米の企業環境に引きずられているように見えます。しかし、成長を続けている中で、飽和期を予期して、リストラクチャリングを行うのは、欧米の経営者でも非常に難しく、結果的には、上記のような問題が契機になって、リストラクチャリングに入らざるを得なくなるケースがほとんどです。その直前には、深刻なインターフェースの脆化が起きており、大企業病が蔓延している状況といえるでしょう。

　上記のいずれの問題も、問題が顕在化してから、その原因が公表されるまで、非常に時間がかかっており、説明は言い訳が多いなど、典型的な大企業病の症状を見せています。背景には、各企業内で、インターフェースが脆化していることがあるように思います。

　このような状況から脱する手法は、APAT Management[3]として示したとおりですが、実はそれ以前の状況から考えなければならないことをジェームズ・コリンズが示してくれました。

iii 衰退の5段階

　ジェームズ・コリンズは著書『ビジョナリー・カンパニー3　衰退の5段階』[9]の中で、企業が衰退するプロセスを図1.6のように5つの段階で示しました。実際に企業が衰退を始める前に、すでに3つの衰退の原因になるプロセスがあると言っています。第1段階が「成功からくる傲慢」、第2段階が「規律なき拡大路線」、第3段階が「リスクと問題の否

定」です。ここまでは、衰退は表面には出ていません。むしろ、企業は成長しているといえます。そして、（ちょっとした）問題をきっかけに衰退に入り、第4段階が「一発逆転の追究」、第5段階が「屈服と凡庸な企業への転落か消滅」となります。通常企業が衰退に入り、反省をするときは、その直前の状況だけに注目しがちですが、その前に重要な3つの段階があり、しかも、経営上は成功に見える段階の影で、衰退の原因が積み重ねられていることに注目したのです。第3段階が短いのは、欧米では経営者が飽和期に安住することが許されないのと、飽和期に入ると、あまり長い時間をおかずに衰退が始まってしまうことを表しているのかもしれません。衰退の5段階と上記のSカーブ論を重ね合わせると、**付図2**のようになり、Sカーブ論で黎明期―成長期―飽和期と分類したのと、衰退の1～3段階は同じと理解することができます。すなわち、黎明期を脱して成功を収めて成長期に入ることは、一方では成功に

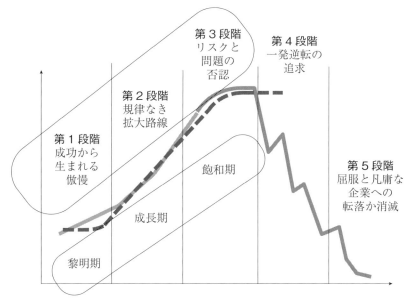

付図2　ジェームズ・コリンズによる衰退の5段階とSカーブ

よる傲慢を生みます。成功をもとにした成長は眼を見張るものがありますが、それは必ずしも規律あるものとは言えないでしょう。成長が速ければ速いほど規律のないものになるでしょう。このように解釈すると、結局、ジェームズ・コリンズの衰退の5段階は、黎明期から衰退までを一生、すなわち一連のプロセスとして良い面、悪い面に目を向けて解釈したもので、筆者の飽和期における大企業病払拭(APAT Management)は、衰退を避け、さらなる成長を獲得するための方策といえるでしょう。

　ジェームズ・コリンズは、一般に、成功のプロセスといわれる、黎明期から成長期へのプロセスも、一方では将来衰退を引き起こす準備段階でもあるという、重要な警鐘を鳴らしているといえるでしょう。衰退の原因を、成長以前から捉えるというのはたいへん画期的な捉え方です。一方、筆者の大企業病論は第2段階後半から第3段階を説明したもので、ジェームズ・コリンズの衰退の5段階の一部と、衰退を回避する方法を示したものといってよいでしょう。つまり、「組織や人々の間で、インターフェースが脆化し、正しい情報が伝わらない状況になり、トップはリスクや問題に目を向ける機会を失い、リスクや問題があるということを否定する」ということなのです。そして、そこから脱却するために、「インターフェースを超えて、価値創造に熱狂するカルチャーをつくり、現実とありたい姿のギャップを明確にして Continuous Improvement で脱却」という方策を APAT Management で示したのです。

　Sカーブを使って、企業の変化を説明すると、必ず「飽和の先の衰退を考えなくて良いのか」という質問が出ました。私は「衰退がないようにしなければならないのだから、あえて衰退を考えなくても良いのではないか」と答えていましたが、ジェームズ・コリンズの考えを使うと、見事にそこまで説明できるということになります。特に、飽和期前・後の状況を、一連のプロセスとして理解できるのは素晴らしいと思います。

iv 各段階の良い面と悪い面

　ジェームズ・コリンズは、成功・拡大という良い面と、それに伴って起きる傲慢・規律無視という悪い面に着目しました。そうすると、第3段階以降の良い面は何でしょうか？　ここから成長の低下を含む衰退が始まるので、良い面を無理に見ることはないのかもしれません。しかし、例えばゼネラルモーターズは70年以上自動車業界の世界トップに君臨し、その間ほとんど第3段階にあったと考えられます。そう考えると第3段階にも良い面があると思われます。第3段階の良い面は"安定"です。ここでは安定を得たいがためにリスクを否定し、事実を否定するのです。では第4段階はどうでしょうか。一発逆転は、成功すればそれは良いことですが、ここでは"リストラクチャリング（いわゆるリストラではなく総合的構造改革）"が良い面のキーワードになるのではないでしょうか。第4段階ではリストラクチャリングにより再生を図ろうとするが、一発逆転は成功しないということでしょうか。第5段階は消滅ですから、無理に良い側を考えることはないでしょう。以上を1つの図で表すと、**付図3**のようになります。

v トヨタ自動車の反省

　2009年から10年にかけてのトヨタの危機もこのとおりだったとして、トヨタ自動車の豊田章男社長が、自らの反省の説明にこのジェームズ・コリンズの図を使いました[10]。トヨタの問題は、アメリカのレンタカー会社が、正規のカーペットの上に別の大型車のカーペットを敷いた車を貸し出し、お客様が運転中にアクセルペダルがカーペットに引っかか

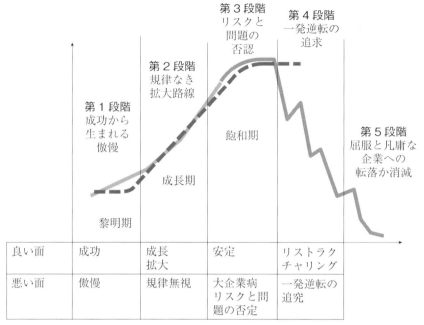

付図3　各段階の特徴を表すキーワード

り戻らなくなって、車が暴走して一家全員が死亡するという事故がきっかけとなった問題です。たいへん悲惨な事故でしたが、そのきっかけは、いくつかの、小さな問題が重なったことでした。このようなことをきっかけに、会社を揺るがす大きな問題に発展したのです。

そして、第4段階に入ってしまったトヨタは、一発逆転ではなく、地道に泥臭く（Continuous Improvement で）改革を続けることを約束したのです（図1.6）。それは、素晴らしいことだと思いました。

筆者もいろいろな場面に遭遇する度に、この衰退の5段階の図を使って、問題の原因を考えるのですが、まさにそのとおりだという事例ばかりです。例えば、冒頭に示したエアバッグの問題は、まさにこの段階を踏んで展開したのではないかと思います。

ジェームズ・コリンズの著書は、経営者のマネジメントに注目していますから、一人の経営者の成功から始まって、衰退までの段階を表しているといえるでしょう。しかし、このステップは、大きくは企業や社会の成長から、衰退までに当てはめることもできますし、小さくは企業の中での一つの活動とか、一つの技術に当てはめることもできます。大きなＳカーブと小さなＳカーブを常に描きながら、衰退への道から脱却する努力が必要なのでしょう。

vi 衰退の５段階を"不正"の視点で見る

　このような分析を続ける中で、各段階を少し違う角度から見ることもできるのではないかと考えるようになりました。

　ジェームズ・コリンズの衰退の５段階は、成功・成長という、一見良いことの裏で、衰退の準備が始まっているという意味で、彼の警鐘は非常に強い印象を受けます。

　冒頭で列挙した問題のうち、不正という表現で語られているものも、成功や成長によって生まれた傲慢や規律の乱れが不正を引き起こしたといえるのでしょう。しかし、直接、不正という面を考えても、この衰退の５段階は成立するのではないかと考えたのです。

　第１段階の成功からくる傲慢は、それまで、技術や事業の成功という良い面での成功と考えていましたが、例えば「不正の成功」と読み替えることもできるのではないかと考えたのです。そう考えると、第２段階は規律なき不正の拡大路線となります。そして、第３段階は不正のリスクと問題の否定となります。第４段階は一発での不正撲滅、第５段階は同じです。図に表すには縦軸をどのようにとるか難しいところがあります。不正の影で変化する企業の収益そのもので表すのが良いと思います

が、無理に図に表すこともないのかもしれません。

　つまり、各段階(成功、拡大、問題の否定)に対して"何の"(何の成功、何の拡大、何の問題の否定)をつけ加えることにより、いろいろなものにこの考えは当てはまるのだと気づいたのです。その極端な例が"不正の"になるわけです。

　冒頭に示したいろいろな問題を見ると、エアバッグの例を除けば、まさにこの段階を通って不正が蔓延していったのではないかと思います。

　他にも第1段階(キーワード：黎明期、成功、傲慢)、第2段階(キーワード：成長、拡大、規律無視)、第3段階(キーワード：飽和、安定、リスク否定、問題否定、大企業病)、第4段階(キーワード：リストラクチャリング、一発逆転、ブレークスルー)、第5段階(屈服、凡庸、消滅)という、段階と「何の」に相当する言葉を組み合わせると、いろいろな「何の」に適用できることがわかります。

vii　不正の成功と拡大

　不正の場合を、身近な例で考えてみましょう。「はじめて飲酒運転をした人が、そこで死亡事故を起こすことはない」とよくいわれます。最初に飲酒運転をするときは、誰でも法律を破ることに対する後ろめたさから、こわごわ運転します。飲酒量も控えめにするでしょう。しかし、その結果、何も起きない(不正の成功)と、「こわごわ」の気持ちが薄れていき、規律が崩れ、飲酒運転が増えていきます。そして、それは周辺の人々にも伝播していき、仲間全体で飲酒運転が問題だということさえも否定するようになり、ある日、誰かが飲酒大事故を引き起こすことになるのです。もちろん、この場合は図の縦軸が書けませんが、転落の前に、明らかに重要な3つの段階があることをご理解いただけるでしょう。

そして、このようなときに、事故を起こした直前のことだけを考えても、この転落を理解することはできないことも容易におわかりいただけるでしょう。

そして、大きな問題(大事故、死亡事故など)を起こしてしまってから、「二度とそのようなことはしません」というような反省をするのです。それで一発逆転しようとするのですが、体に染みついた習慣はそんなことでは払拭できません。さらに、転落の道を進むことになるのです。

企業の中で起こりうる事例を、自動車の燃費の問題を例に考えてみましょう。

自動車の公称燃費は、最終的には国土交通省の機関で実際の車両を用いて計測されますが、その時に用いられる試験の条件(走行抵抗)は、自動車メーカーから提出された値を用います。その値は、実際の車両を使って、決められた方法で取得することが定められています。

この方法は、車全体が完成しないと実施できませんので、自動車メーカーでは、開発中はいろいろな方法で要素ごとの部分的なデータをとって、それを足し合わせたり、シミュレーション手法を駆使して、最終的な燃費データを推定しながら、開発を進めることが一般的だと思います。そうしないと、燃費目標を達成するためにどこをどう改良したら良いか、指針が得られないからです。最後の届け出値と推定値に乖離が生じないように、いろいろな技術的検討が行われ、十分な精度が得られるようになっているでしょう。そして、最終的に、最終仕様の車で、決められた方法でデータをとって、それを提出するというのが、正しいプロセスです。ここで、最終的なデータをとる人と、開発の中で燃費を予測する人が別の人なら、問題なくこのプロセスを実行するでしょう。しかし、それだけの余裕がない会社が一般的で、同一の部署で、開発中のデータと、届け出のデータを取得する場合もあります。このような場合、すでにデータは実車を使った場合よりははるかに精度よく得られている(推定で

きている)のに、再度、実車を使ってばらつきが大きく正確でないデータをとるのは、ムダだと考えてしまったのかもしれません。「どうせわからないのだから」ということでしょう。「積み重ねた推定値を使ったほうが正確なのだから」と、不正(指定された方法と違う方法を使っている)を行っているという後ろめたさはまったくなかったかもしれません。多くの不正の始まりはこんなものです。しかし、ルール違反(不正)であるには違いありません(第1段階：不正の成功)。そして、これがここで止まらずに、いつしか会社の中では、それが正しい手法として広まります(第2段階：不正の規律なき拡大)。やがて、そのようなところに問題があるなどとは誰も思わなくなり、当然のように、高い燃費目標を達成するようにストレスがかかります(第3段階：不正の問題の否定)。そしてあるとき「どうせわからないのだから」といって、データを改ざんすることが起きるのです。

viii 不正による衰退の第1段階からの脱却

　ここでは衰退の5段階に従って、衰退のプロセスに入り込まないようにするには、どのように行動したら良いかを考えてみます。
　まず、不正の問題を考えてみましょう。
　引き続き、飲酒運転のケースで考えてみましょう。最初の飲酒運転はどのような形で行われるでしょうか。いきなり、何の抵抗もなくそれが行われることは少ないと思います。飲酒運転は法律違反だということは知りながら、やらざるを得ない状況があったのでしょう。例えば、大切な人が急に体調を壊して、車で送らざるを得なくなったなどのケースがあるでしょう。このようなとき、"身近な都合"は、"遠い法律"より優先させてしまいがちです。「こんなときは、事情を話せば警察も許して

くれたよ」(そんなことは決してないのですが)という囁きが頭のなかを駆け巡ります。自分にとって都合の良い意見を集めて、決行を決めます。最初は人概このようなものなのです。慎重に決行しますから、事故を起こすようなことはないでしょう。無事、車を降りて、一件落着です。いろいろなことを考えたことはすぐ忘れてしまいますが、飲酒運転は成功したという記憶は強く彼の頭に刻まれます。

この段階で、飲酒運転を止めるにはどうすればよいでしょうか。大切なことが2つあります。

1つは「このようなことはしない」という固い信念を持つことです。それは倫理感であったり、信念であったりするでしょう。ビジネスの世界では、カルチャーとか理念など、変わらない柱が必要です。

もう1つは徹底的に振り返り、「飲酒運転は成功した」という記憶を打ち消すことです。他に方法はなかったのか。実行前の判断は正しかったのか。都合の良いことだけを考えて判断しなかったか。実行中の気持ちはどんなだったのか。それは成功といえるようなものだったのかなど、しっかり振り返れば、成功といえるものではなかったことに気づくでしょう。

ix 成功による衰退の第1段階からの脱却

一方、「良いこと（不正ではなく）の成功による傲慢」に陥らないためにはどうしたら良いでしょうか。ジェームズ・コリンズも著書の中で、各段階について、その背景・原因を具体的な調査をもとに書いています。この場合の成功は、不正の成功ではなく、良いことの成功です。つまり、このようなことはやらないという理念で防げるものではなく、その瞬間は「良いこと」なのです。その良いことが問題に繋がる原因が「傲慢」

なのです。

　「傲慢」の反対語は「謙虚」です。つまり、カルチャーとして、謙虚なカルチャーを作っておくことが必要でしょう。これには、不正の場合の「このようなことはしない」という信念と同じで、理念とか、カルチャーが大切になります。しかし、「謙虚」は反面、戦っていく意欲をそぐのではないかと経営者は危惧するかもしれません。得てして、経営者は自分の成功を誇示し、傲慢になっているものです。部下の謙虚な姿を評価しないかもしれません。正しい、謙虚な姿を経営者が常に示しながら、その意味を社員に理解させ、行動に結びつくようにしなければなりません。その行動は、「振り返り」です。

　一般的に成功した場合は、あまり振り返りは行われません。振り返りをやっても、成功を祝う会になってしまいます。それでは傲慢な気持ちが増殖されるだけです。広く用いられているPDCA（Plan-Do-Check-Act）の考えではCheckして悪いことがなければ、何も起きないのです。

　ここで大切なのは、結果を客観的に観察して（S、現状把握）、次のステップに向かって、何が成功の要因だったのかを冷静に分析し、そこに潜む問題は何かを発見（F、発見）して次のステップに備えるPDSF（Plan-Do-Go&See-Find）のサイクルです。つまり、自らの行動を振り返り、問題を発見するカルチャーが、傲慢を抑え、謙虚な行動を生むことに繋がるのです。キーワードは発見です。

　客観的に結果を見つめる謙虚な姿勢は、成功によって傲慢になる気持ちを抑えてくれるでしょう。これは、不正による成功を抑えるにも大切なことです。またこれは、第4段階の一発逆転に期待する気持ちを抑え、着実な挽回につなげる（Continuous Improvement）施策としても重要になるのです。

　つまり、第1段階で、「何の」が不正であろうと、良いことであろうと、成功から生まれる傲慢な気持ちを抑えるには、「こういうことはし

ない」という意思を持ち、かつ謙虚を尊ぶカルチャー、理念といった風土をしっかり創ることと、そして、振り返りの習慣をしっかり組織に定着させることです。

x 衰退の第2段階からの脱却

　第1段階は黎明期（組織・企業の黎明期だけでなく、システム、技術、あるいは、ある行為も含めて黎明期）ですから、その結果の成功はある限られた領域（個人）にとどまっているかもしれません。それをいかにして「組織全体のものにしていくか」、あるいは「組織全体のものになっていってしまうか」、それが第2段階になるのです。

　最初に、成功を組織全体のものにして、大きな成長を手に入れるプロセスを考えましょう。

　この段階は、個人の中で傲慢が確信に変わっていくプロセスと、個人の成功を見た人々が、どんどんそれを拡大（拡散）し、あるいは、それがどんなものかも考えずに、成功の結果だけを見て事業を規律なしに拡大してしまう2つの側面があると考えられます。

　成功からくる傲慢が確信に変わるプロセス、特に不正の成功が確信に変わるのには、そんなに時間を要しないことが多いようです。人間は「間違ったこと」でも4回成功すると、「正しいこと」に変わってしまうようです。成功の快感と自信（過信？）がそうさせるのでしょう。つまり、"こわごわ"がとれて、不正は正しいことだという理論武装が自分の中にできてしまい、当たり前のように大きな不正を働くことになるのです。

　不正の内容は徐々に変化し、当人は最初と何も変わらないと思っているかもしれませんが、問題はどんどん深刻なものになっていきます。このようにして、はたから見ると最初とはまったく違うレベルの不正を働

いていることになっていることに気づかないことが多いのです。

　このような事態を招かないようにするには、第1ステップの問題発見・振り返りが大切になりますが、それを自分の中だけで成立させるのではなく、別の視点を持った人たちの協力を得ることが重要です（DRBxx）。

　もう一つの側面は、後者、つまり成功を、他人が一面的に見て、それを採用して拡大していく例です。これは、成功であろうと不正の成功であろうと、同じプロセスを辿って拡大していきます。

　このプロセスでは、最初に成功した人の情報が拡散し、多くの人々がそれに飛びつき、もう制御が効かない形で規律なく拡大していくのです。それが本当の成功であろうが不正の成功であろうが、受け取る側にとっては、成功したという情報だけが大切なのです。

　飲酒運転の例でいうなら、飲酒運転を躊躇している友人に「俺はいつもやっているけど、大丈夫大丈夫…」という話がどんどん拡散していくようなプロセスです。

　例えば、あるサプライヤーが、画期的システムを開発したとします。それをあるOEMが採用したという情報はあっという間に広がります。他のOEMもそのシステムに興味を持ちます。そのとき、最初のOEMの苦労や心配は、決して他のOEMには伝わりません。最初のサプライヤーが導入して成功した、という情報だけが拡散するのです。ほとんど検討もせずに、それを競って採用する、まさに規律なき拡大路線をサプライヤーが築きあげるのです。

　やがて、それはいろいろな問題を引き起こすことになりますが、それは、採用したOEMの問題として処理されるでしょう（もちろん、OEMとサプライヤーの力関係で、逆になる場合もありますが…）。このような問題はサプライヤーとOEMといった会社間の問題から、社内の組織間の問題、あるいは個人間の問題でも、頻繁に起きているのです。

成功の情報だけは気持ちよくどんどん拡散しますが、それに関連する細部の情報、特に負（問題点）の情報は、非常に伝わりにくいのです。これが、「規律なき…」の実態なのです。

第1段階では個人の謙虚さ、組織のカルチャーと、個人や組織の振り返りが重要と述べましたが、第2段階では、かなり広域の場、会社、グループ、業界などでの、謙虚さの共有や、振り返りの習慣が大切になります。広域な場で、手法やルールを共有しながら、背景にある意識を醸成していかなければなりません。そのような、組織として必要な要件が育たないうちに、どんどん場（組織、企業、グループなど）が拡大していくのが第2段階です。この状態は兵站が整わないといわれるように、組織の要件が整う速度と成果の速度の間に**付図4**のような差が生じているのです。それが実態としてどのようなものかを確認しないまま、成功の拡大に酔いしれている状況です。

第1段階で重視した、カルチャーの醸成と振り返りを、組織全体に拡大しなければならないのですが、それが追いついていないのです。ここ

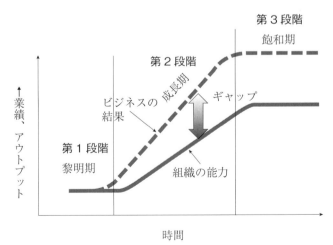

付図4　兵站が整わないのに規律なき成長が進む

では速さだけが重視され、ステップバイステップの思想は無視されます。成果の拡大に目が行き、段階ごとに振り返ることはありません。Continuous Improvement ではなく、一発で成長できる道を突進するのです。つまり、第4段階の状況が、成功に隠れてすでに起きているのです。

PDSF による徹底的な振り返りをベースにした Continuous Improvement を成立させることが、最も重要な施策になります。また、情報の伝達を確実なものにするために、GD^3 の考え方や、DRBxx を確実に行うことが、対策になります。

第1段階では自ら問題発見ができる習慣が必要でしたが、第2段階ではチーム、前後工程間での問題発見が重要な鍵になります。

xi 目標の問題

S カーブの成長期（衰退の第2段階）では、成長の速度が成功の重要な鍵を握っており、期待した成長を達成させるために、私達は「（数値）目標」を使います。第2段階ではこの目標が非常に高いレベルに設定され、実力が追いついていない状況が生じています。それが「規律なき」拡大の意味です。強力な経営者は、他社との競争を制するために、自社の実力を無視して高い目標を設定し、社員を鼓舞するでしょう。もちろん、それが全社一丸となって成果を生むことにつながっていることは否定できません。自社の実力を過小評価し、低い目標を設定したのでは、リーダーシップがない経営者といわれるでしょう。一方では、トップが自分の思いだけで、無理な生産・販売数値目標を設定すると、必ずそれ以外の所で大きな問題も抱えるというジンクス（？）もあります。どのようなレベルに設定するかというレベルの問題もあるでしょうが、大切なのは、目標が示されると目標達成だけに専念する組織に問題があるのではない

でしょうか。

　図1.5のように、私達が設定している目標は、お客様がその製品に期待している価値の一部でしかありません。この図式を、常にトップマネジメントから社員全員が共有していることが大切です。これが、衰退の第2段階から脱却する鍵なのです。つまり、発見を仕事の中心においているカルチャーが大切だということなのです。私たちは与えられた目標だけのために仕事をしているのではなく、お客様の期待を満足させるために仕事をしている、「お客様第一」ということなのです。

　GMに勤めていたとき、ロバート・ラッツ副会長(GMのトップマネジメントで唯一車がわかる人といわれていた)は、常々「お客様のいうことだけを聞いて、車を開発するなどというのは、バックミラーだけを見て運転するようなものだ」と言っていました。お客様のいうことを聞いてはいけないというのではなく、(車の前にいる)将来のお客様を満足させるようなクルマづくりをしなければならないということです。それを聞いて、筆者はもう一つ大切な言葉を考えました。「目標の数値だけを見て、車を開発するなどということは、スピードメーターだけを見て運転するようなものだ」です。この2つの言葉は、お客様第一を理解するうえで、大切な言葉だと思います。

　例えば、広く一般に使用される製品では、公の機関がその目標とそれを示す方法を詳細に設定している場合もあります。冒頭の問題の多くはその事例です。公の基準は、それを満たさなければならないという厳しい義務が課せられますが、一方では、それを満たしていることを示すことによって、お客様に、製品の価値をアピールすることもできます。また、世の中の製品のレベルと、それを達成する技術のレベルを大幅に向上させるという良い面もあります。

　結果として目標を達成することは、各企業の重要な目標になります。これらは、各企業内で設定された高い経営目標と一体になって社内に展

開されます。担当者はこれらすべてを達成するために努力していくわけですが、目標が高ければ高いほど、目標達成だけが目標になるのは上記のとおりです。そして、担当者はどれも同じと考えてしまい、近くの都合（社内目標）のほうが、遠くの都合（法令遵守）に優先してしまうことが起きるのです。これが冒頭の問題の引き金に繋がっています。

xii 衰退の第3段階からの脱却

　規律なき拡大は、いつまでも受け入れられるわけではありません、他社との競争、社内のいろいろなほころびにより、成功の拡大は止まりますが、もうそこにはそれを自分の問題と考える人は、トップから現場まで一人もいません。かつての成功は自分がリードしたが、今の問題は他の人達の問題だ、挙げ句の果ては、自分達の製品を買わないお客様のせいだなどと考えてしまうのです。また、小さなほころびは、組織の外に出ることはありません、個人の外にも出ないほころびがたくさん発生しているのですが、表向きには何も問題ないということになります。このような状態、つまりリスクと問題の否定の状態にどっぷり浸かってしまうのです。これを筆者は大企業病と呼んで、「指示待ち、責任の外を見ない、実行に時間がかかる、言い訳をいう」[3]をその症状と定義しました。その原因はインターフェースの脆化です。このような状態になってしまってから、大企業病の払拭とか、インターフェースの強化といってもすでに遅い場合が多いのですが、第1、第2段階で、上記のようなことができていればこのような事態には陥らないし、たとえ陥ったとしても、徹底的にインターフェースのコミュニケーションを強化することで、それを切り抜けることができるでしょう。そのためにはすべてのインターフェースに繋がっている、トップマネジメントの強いリーダーシップ

と改革行動が必要になります。それ以外に、回復は不可能と言ってよいでしょう。筆者はそれを APAT Management という形で表しました[3]。インターフェースを徹底的な強化と、飽和期からのブレークスルーをリードし、ステップバイステップで、改革を進める(Continuous Improvement)マネジメントです。

xiii 衰退の第4段階からの脱却

　さてこのような状態の中で、ある日、ちょっとしたできごとをきっかけに、企業の明確な衰退が始まります。それは法律に抵触する不正であることもありますし、法律には抵触しないが、倫理的に企業姿勢を問われることもあるでしょう。また、提供した製品が予期しなかった問題で、お客様を傷つけたり、重大な迷惑をかける結果を生むこともあるでしょう。きっかけのちょっとしたできごとは、過去の3つの段階の結果として起きるのですが、経営者から、担当者まで、そうは思いません。ちょっとした問題だから、ちょっとした努力で挽回できると考えます。あるいは、会社としては膨大な損害を被っているのだから、挽回はできるだけお金をかけずに効果の大きい対策をしたいと思います。それは、この問題が発生した現因への対策(原因ではなく、現象への対策)になり、必ず失敗します。問題の背景(原因)に第1～3段階があることに注目していないので、その問題だけを抑え込もうとしてしますのです。責任者を更迭し、その部署が、新しい(一発逆転)施策を導入するということで、幕引きをしようとするのです。1～2年経てば、世間も忘れてくれるし、何よりも、自分達が忘れてしまうのですが、結局衰退の第1～3段階への対策になっていないので、同じような他の問題がすぐ起き、また衰退の道をたどるのです。このようにして、限定的・効率的対策(一発逆

転)は必ず失敗します。それは、第2段階でContinuous Improvementが必要になった理由と同じです。その意味で、地道な泥臭い改革を続けていくと宣言し、実行しているトヨタの判断は正しかったと思います（図1.6）。

xiv 法令遵守とハインリッヒの法則

　付録冒頭で取り上げた問題事例の多くは、コンプライアンス違反（法令違反）という言葉で説明されています。本書で主に取り扱ってきたのは品質問題でしたが、この法令違反の行為を仔細に見てみると、品質問題が起きる背景と共通点があることを述べてきました。さらに一歩進めて、ハインリッヒの法則に照らして、どのような共通点があるのかを考えてみたいと思います。

　品質のハインリッヒの法則については、1.1節(3)で述べました。では、コンプライアンスのハインリッヒの法則はどのように考えればよいでしょうか。それを**付図5**に示します。数の比率はともかく、この構図は理解できるでしょう。しかし、法規違反のような重大な問題と、社内のルール違反のような問題は、まったく別物だと考えている人も多いでしょう。これがハインリッヒの法則のように連続しているということが、大切な視点になるのです。

　さらに、品質のハインリッヒの法則では、被害を被るのはお客様で、設計・製造の担当者は、見ようと努力しないとお客様が困っている状況は見えないという特徴があります。しかし、コンプライアンスのハインリッヒの法則は労働災害のハインリッヒの法則同様、法規やルールに違反したことは、それが問題と思うかどうかは別にして、少なくとも見えます。

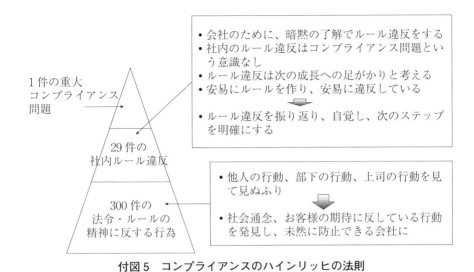

付図5　コンプライアンスのハインリッヒの法則

　例えば、燃費を法令で決められた方法と異なる方法で計測していた問題、燃費データを偽装していた問題がありました。この会社では以前、リコール隠しの問題があり、法令遵守を誓ったはずなのに、また法令違反をしたということで、一体何をしていたのかという世間の批判を受けました。もちろん、この会社では、法令遵守のための教育や組織づくりは、他の会社より徹底してやっていました。それなのに、なぜまた法令違反を起こしてしまったのでしょうか。

　公開されている外部調査委員の報告を読むとそれがよくわかります。この報告によると、燃費を不正な方法で測っていたことも、虚偽の数値を提出したことも、明らかに法令違反ですが、法令違反をしたという意識は、違反をした当人たちはそれほど強く持っていないようです。「それがそもそもけしからん」ということになるのでしょう。この報告書でも、遵法精神について、かなり厳しく指摘しています。調査委員の多くは法律家ですから、法律という側面を強く意識して書かれています。そこからは、ハインリッヒの法則の、1件の重大問題（法規違反）と、29件

の日常のルール違反は別物といったニュアンスが伺えます。しかし、29件の違反という意味では、燃費目標を量産間際に上げていったのは明らかに、社内ルールに違反していたはずです。しかし、それは法規違反ではないので、なぜ違反をしたのかという目では解析されていません。違反ということではこれがもっとも重大な違反であったはずなのです。この意識がないこと、つまり、法令違反と社内ルール違反は別という考えが、法令違反を止められない大きな原因なのではないかと思います。

社内ルールも法令も同じ違反と考えたら、がんじがらめになって、仕事が進まなくなるという人もいるでしょう。つまり、守ったら仕事ができない、破っても良いルールがあり過ぎるのです。そして、トップが自らそれを破ってみせるから、部下たちが当然のごとく社内ルールを破り、それが法令違反を助長しているのです。もちろん、社内ルールどおりにいかないことはあるでしょう。そこで大切なことは、社内ルールに違反したということに対する、トップを含めた、関係者の振り返りと再発防止です。「結果、なんとかなった」ということで、素通りすることが、1件の法令違反に繋がるのです。

さらに、300件のヒヤリハットをどうするかという問題があります。それは法令違反やルール違反になりそうな問題をどうやって見つけて、未然に防止するか、ということで、本書でこれまで述べてきた問題発見をいかに実施するかということに行き着きます。

法令違反があり、その再発を防止するといっても、直接法令にかかわる仕事をやっている人はごく限られているので、結局、労務とか人事といった全員に関係する法令を無理に取り上げて、法令遵守の教育をするけれど、仕事の中での法令違反は大部分の組織では他人事になってしまいます。法令違反の引き金になる、社内ルールには手をつけられないままになってしまうのです。それどころか、法令違反を起こさないために、社内ルールをたくさん作って、また、ルール違反の火種を作ってしまう

のです。

xv まとめ

　以上、冒頭に挙げた最近の問題に共通することは、「そのようなことが起きるとは思わなかった」ことが起きていることです。そして、問題のもとは、ずっと以前の成功期にあり、そこから、衰退を防ぐ手立てを講じていなければならないことがわかります。

　このような事態を未然に防ぐ鍵は、**図 1.5 C** の潜在問題を「発見」し、（お客様のために）価値に変換する行為が、常に、普通に行われるようなカルチャーを築くことです。そして、常に、発見できたこと、できなかったことを振り返り、Continuous Improvement を繋いでいくことが、このような転落を避ける唯一の方法なのです。そして、法令だけでなく、社内ルールにも目を向け、日頃から社内ルールを守り、守れないルールを守れるように変えていく見直しが常に行われるようにしなければなりません。ここでも、ハインリッヒの法則が成立していることを忘れてはなりません。

結　言

　ここ30年来の筆者のテーマは、「創造性を活かす仕事を、すべての人々ができるようにするには…」でした。1980年代に日本創造学会の活動に参加し、創造性豊かな先輩達に教えられながら、創造性を発揮することを、自分の仕事と組み合わせながら考えました。日本創造学会の人達の興味は、新しいアイディア、発明といった、素直に創造と結びつけられる領域でしたが、筆者の興味はいつも、安全・信頼性・品質など、世間的には創造とはまったく反対の領域でした。

　1990年代に入って、「未然防止」という言葉に押されて、「未然防止は創造的な仕事」というキーワードで、GD^3の考え方を提案しました。そこで、DRBFMやDRBTRという手法を構築しました。しかし当時、何が創造的なのか、明確な説明はできなかったように思います。

　2000年に九州大学大学院教授に転職し、初めて世間の常識に触れ、それまで考えてきた未然防止の考えをいろいろな領域で役立てていただけるのではないかと思い、拙著『トヨタ式未然防止手法GD^3』[1]を出版させていただきました。医療や原子力の領域にも知遇を得ました。

　その頃にトヨタの後輩達が、DRBFMを開発部門全体で展開するという決断をしてくださり、深く感謝しています。

　2003年から、ゼネラルモーターズに転職し、まったくカルチャーの違う世界で苦戦する中で、自分が学び考えてきたことが何だったのかを見つめ直す機会を与えられました。ここで経験したことは、世界中どこへいってもGD^3の考え方を伝えて、活用していただけるという自信につながりました。

結　言

　2007年に帰国しGD^{3}コンサルティングを設立し、日本・韓国・ヨーロッパの企業と活動する中で、それまで考えてきた「創造性を活かす仕事を、すべての人ができるようにする」という命題が少しずつ、明らかになってきたように思います。2011年にGD^{3}の考え方を見直し[2]、2012年にGD^{3}を進めるうえでのマネジメントの考え方をまとめました[3]。ここまでは、1990年代から続けて来た(品質問題の)未然防止と言う殻の中での活動でしたが、いつも、どこかでこの殻を破ってみたいという希望を持っていました。未然防止の世界も、やればやるほど深い世界であることを知り、そこから離れられずにいましたが、それでは「すべての人達が創造性を活かすことができるように…」という状態には永久にならないので、ここで、一歩踏み出してみようと思ったのが本書です。そのキーワードは「発見力」です。発見の対象は、図1.5Cの領域の問題です。

　もちろん、ほんの一歩を踏み出しただけですが、これを機会に皆様のご教示を頂き、さらに深めていくことができればと考えております。

　2016年9月

吉　村　達　彦

引用・参考文献

(1) 吉村達彦：『トヨタ式未然防止手法 GD^3』、日科技連出版社、2002 年
(2) 吉村達彦：『想定外を想定する未然防止手法 GD^3』、日科技連出版社、2011 年
(3) 吉村達彦：『想定外と言わない組織をつくる 全員参画型マネジメント APAT』、日科技連出版社、2012 年
(4) 久米是志：『「ひらめき」の設計図』、小学館、2006 年
(5) 大島恵、奈良敢也：『日産自動車における未然防止手法 Quick DR』、日科技連出版社、2012 年
(6) H. W. ハインリッヒ(著)、井上威恭(監修)、総合安全研究所(訳)：『ハインリッヒ産業災害防止論』、海文堂出版、1982 年
(7) 田口玄一、吉澤正孝(編)：『開発・設計段階の品質工学』(品質工学講座 1)、日本規格協会、1988 年
(8) 日経 BP トヨタリコール問題取材班(編)：『不具合連鎖』、日経 BP 社、2010 年
(9) ジェームズ・コリンズ(著)、山岡洋一(訳)：『ビジョナリー・カンパニー 3 衰退の 5 段階』、日経 BP 社、2010 年
(10) ジェフリー・K・ライカー、ティモシー・N・オグデン(著)、稲垣公夫(訳)：『トヨタ危機の教訓』、日経 BP 社、2011 年
(11) 狩野紀昭他：「魅力的品質と当り前品質」、『品質』、Vol. 14、No. 2、1984 年
(12) 佐藤三郎、恩田彰(編)：『創造の能力―開発と評価―』、東京心理、1978 年
(13) 髙橋誠(編著)：『新編 創造力事典』、日科技連出版社、2002 年
(14) バーバラ・エーレンライク(著)、中島由華(訳)：『ポジティブ病の国、アメリカ』、河出書房新社、2010 年
(15) ジェフリー・K・ライカー、ジェームズ・ランツ(著)、稲垣公夫(訳)：『トヨタ経営大全③問題解決㊤』、日経 BP 社、2012 年
(16) デーブ・ウルリヒ、スティーブ・カー、ロン・アシュケナス(著)、高橋透、伊藤武志(訳)：『GE 式ワークアウト』、日経 BP 社、2003 年
(17) 漆原次郎(著)：『日産驚異の会議』、東洋経済新聞社、2011 年
(18) JIS C 5750-4-4：2011「ディペンダビリティ マネジメント 第 4-4 部：システム信頼性のための解析技術法―故障の木解析(FTA)」
(19) 神山春平、櫻部建：『仏教の思想 2』、角川ソフィア文庫
(20) 藤本隆宏、キム・クラーク(著)、田村明比呂(訳)：『製品開発力』、ダイヤモンド社、1993 年
(21) ジェームズ・コリンズ(著)、山岡洋一(訳)：『ビジョナリー・カンパニー 2

飛躍の法則』、日経 BP 社、2010 年
(22)　中村素子、勝田博明：『技術者・エンジニアの知的生産性向上』、日本能率協会マネジメントセンター、2009 年
(23)　セオダー・モーディス(著)、高橋秀明(訳)：『予測学入門』、産能大学出版部、1994 年

索　引

［英数字］

2段階設計　108
A3用紙　83
AH^3　52
APAT Management　41、173、190
Change　132
COACH法　52
Continuous Improvement　190
DRBDP　67
DRBFM　67
DRBTR　67
DRBxx　69
Engineering Work Order　162
FMEA　16
FPA　135
FTA　136、149
GD^3　60、186
　——management サイクル　181
　——問題解決プロセス　102
Good Design　64、65
Good Discussion　63
Good Dissection　61
Improvement　132
Just In Time　169
Kano Model　21
KYT　48
On the Job Training　176
PDCA　180、198
PDS　180
PDSF　181、198
QCサークル活動　176
QFD　110

Replace　130
Robust Design　64
Simultaneous Engineering　162
SN比　65
Sカーブ　186
Test not to Failure　114
TRIZ　54
V-up会議　98

［あ　行］

当たり前品質　21
後工程引取　169
現因（あらいん）　13
イシカワダイアグラム　152
意地悪条件　125
一元的品質　21
一斉見直し　170
インターフェースの脆化　187
打合せ　64
置き換え　130
お客様第一　3、41

［か　行］

会議　70
改良　132
カベ取り　177
カルチャー　173
監査改良　35
危険予知テスト　48
技術KI活動　176
客観的な関心　160
共有　72
偶発型故障　124

クレーム率　119
傾聴力　82
ゲートレビュー　15
公称燃費　195
コーチング　82
故障率変化データ　120
コンプライアンス違反　206
コンプライアンスのハインリッヒの法則　206

［さ　行］

差　66
差異　67
再発防止　11、165
魚の骨　152
暫定対策　144
ジーディーキューブ　61
司会者　91
自己申告制度　36
事実の発見　134
自主活動　176
市場調査　140
市場問題情報　125
市場問題の構図　13
シックスシグマ　131
質問力　83
主観的な関心　160
衰退の5段階　9、188
素性　64、106
成長期　187
製品開発　106
先行開発　106
潜在品質　28
走行抵抗　195
総合的構造改革　191
想定品質　28

［た　行］

大企業病　187
対立概念思考　54
タグチメソッド　108
単一概念思考　53
チェックリスト　14
デザインレビュー　64、70
動機づけ　175
特性要因図　152

［な　行］

なぜなぜ分析　148

［は　行］

背反概念思考　54
ハインリッヒの法則　4、206
ハザード　66
原因(はらいん)　14
パレートの考え　5
引き寄せの法則　79
必要ムダ　73、179
標準　14
品質機能展開　110
品質工学　64、108
品質システム　73
品質のハインリッヒの法則　5
品質問題　6
不正の成功　193
フリート試験　114
兵站　201
変化　67
変更　67、132
法令違反　206
飽和期　187
他にないか　86、138
補給部品　121

索　引

［ま　行］

摩耗型の故障　125
摩耗故障型　149
未然防止　24
魅力的品質　21
ムダ　72
ムダ取り　177
目標　202
問題解決の5原則シート　83

［や　行］

用途発想テスト　47

［ら　行］

リスク　65
リストラクチャリング　188
量産初品　112
良品回収　115
黎明期　187
ロジスティックカーブ　186
ロバスト　108

［わ　行］

ワークアウト　98

◆著者紹介

吉村　達彦（よしむら　たつひこ）
- 1942 年　生まれ
- 1968 年　トヨタ自動車株式会社入社（第 2 技術部）
- 1988 年　工学博士（東北大学）
　　　　　シャシー技術部部長、信頼性・強度シニアスタッフエンジニアなどを歴任
- 2000 年　九州大学大学院工学研究院教授（個体力学講座）、兼 経済学研究院 MBA 教授（製品開発のマネジメント）
- 2003 年　ゼネラルモーターズ　エグゼクティブダイレクター（信頼性・耐久性戦略担当）
- 2007 年　GD^3 コンサルティング代表

【表彰】
自動車技術会賞受賞、機械学会技術貢献賞受賞、日経品質管理文献賞受賞

【著書】
『トヨタ式未然防止手法 GD^3』（日科技連出版社、2002 年）
『想定外を想定する未然防止手法 GD^3』（日科技連出版社、2011 年）
『全員参画型マネジメント APAT』（日科技連出版社、2012 年）

発見力
トヨタで学んだ"発見"を GD^3 問題解決プロセスに展開

2016 年 10 月 27 日　第 1 刷発行
2017 年 8 月 25 日　第 2 刷発行

著　者　吉村　達彦
発行人　田中　健

検印省略

発行所　株式会社　日科技連出版社
〒 151-0051　東京都渋谷区千駄ヶ谷 5-15-5
DS ビル
電話　出版　03-5379-1244
　　　営業　03-5379-1238

印刷・製本　三秀舎

Printed in Japan

© Tatsuhiko Yoshimura 2016
URL　http://www.juse-p.co.jp/

ISBN 978-4-8171-9598-2

本書の全部または一部を無断で複写複製（コピー）することは、著作権法上での例外を除き、禁じられています。